加茂正典著

江戸時代の神宮と朝廷

皇學館大学出版部

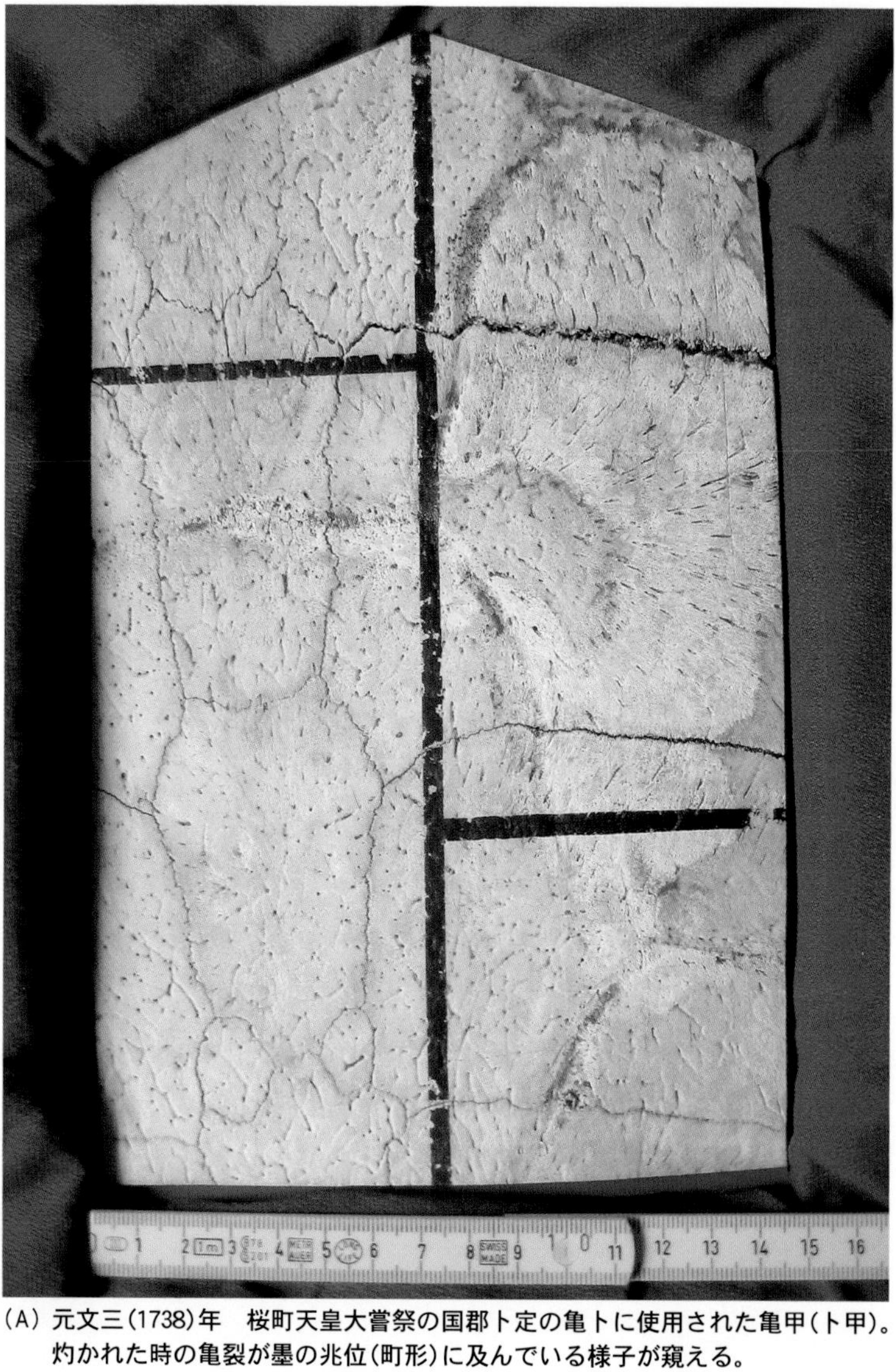

（A）元文三（1738）年　桜町天皇大嘗祭の国郡卜定の亀卜に使用された亀甲（卜甲）。灼かれた時の亀裂が墨の兆位（町形）に及んでいる様子が窺える。

(B) 元文三(1738)年　桜町天皇大嘗祭の国郡卜定の亀卜用の亀甲(卜甲)。未使用。

目次

江戸時代の神宮と朝廷

一　はじめに

御紹介にあずかりました皇學館大学の加茂でございます。よろしくお願い致します。この後、土宮における月次祭由貴大御饌《つきなみさいゆきのおおみけ》の儀を奉拝されますが、本日の私のお話は、六月・十二月の月次祭と合わせて、神宮三節祭と称される神嘗祭《かんなめさい》を主題とさせて頂きます。月次祭と神嘗祭は、相違点もございますが、基本的には同一祭祀構造と申し上げることができます。

ここ三年間程、私は、京都の鈴鹿《すずか》家所蔵資料の悉皆調査を担当致しました。その過程で、江戸時代における神嘗祭に関する重要な新資料を見い出すことができましたので、本日は、その新資料―鈴鹿家所蔵「万治《まんじ》二年九月十一日神嘗祭使王卜串《うらぐし》」を、伊勢神宮崇敬会の会員の皆様に、ご紹介したいと思います。

まず、神嘗祭と月次祭について、簡潔に述べておきます。十月（明治十一年までは九月）の神嘗祭と六月・十二月の月次祭は、神宮恒例祭中の最重の厳儀で、古来から三節祭と称されます。大御神《おおみかみ》に年三度、由貴《ゆき》の大御饌《おおみけ》を供進し、また、皇室より幣帛が奉られます。

神宮司庁編『伊勢の神宮』の六月月次祭の項には、「六月十五日から六月二十五日まで　由貴の大御饌を午後十時と翌午前二時の二度奉り、ついで正午、奉幣《ほうへい》の儀が行われます。引き続き別宮以下諸宮社でもお祭りが行われます。（皇大神宮《こうたい》　六月十六日・十七日、豊受大神宮《とようけ》　六月十五日・十六日）」と記されています。

また、朝廷の恒例祭祀においても、十一月の新嘗祭《にいなめさい》と六月・十二月の月次祭では、神祇官において全国の三〇四座の神々に幣帛をささげ、さらに、天皇が中和院《ちゅうかいん》の神嘉殿《しんかでん》に行幸され、神饌親供《しんく》を斎行されます（『儀式』。『儀式』については十三頁参照）。

二　鈴鹿家と「万治二年九月十一日　神嘗祭使王卜串《うらぐし》」

鈴鹿家は、吉田神社（京都市左京区神楽岡《かぐらおか》）の旧有力社家の家です。鈴鹿氏は、天智天皇朝に右大臣であった中臣金連《かねのむらじ》を氏祖とする氏族で、その後、吉子連《よしこのむらじ》が天平神護《てんぴょうじんご》二（七六六）年に大和国鈴鹿豊浦《すずかとゆら》から山城国神楽岡《かぐらおか》に移住したと伝えています（鈴鹿家所蔵『歴代由緒書』『家系』）。鈴鹿中臣氏とも称される由縁です。

同氏は吉田神社に仕え、吉田神社預《あずかり》の卜部《うらべ》吉田氏のもとにあって、同社権預《ごんのあずかり》・祝《はふり》・雑掌《ざっしょう》などの職掌に就き、また、神祇官人として朝廷祭祀に出仕しました。特に、室町時代後期、吉田兼倶《かねとも》が吉田神道（唯一宗源神道《ゆいいつそうげんしんとう》）を提唱し、公武の帰依を得て、全国の神社・神職を支配下におくために「神祇管領長上《じんぎかんれいちょうじょう》」と称し、その権威を確立すると、吉田家の家老職的地位に就いていた鈴鹿氏が、全国神社・神職支配のための実務を統括したことはよく知られています。

また、江戸時代初頭より、吉田神社は神祇官代《だい》として新嘗祭など特定の朝廷祭祀を代行するようになりますが、鈴鹿氏はその中心的役割を果たし、神祇官人として大嘗祭・新嘗祭を中核とする朝廷祭祀に奉仕します。特に、亀甲《きっこう》（卜甲《ぼくこう》　亀の甲羅）を灼《や》いて卜合《ぼくごう》・卜不合《ぼくふごう》を占う亀卜《きぼく》の秘儀の技法を伝襲した家柄であります。一族からは研究者も輩出し、その五十六代の当主には、全国の式内社研究の先駆的業績である『神社覈録《じんじゃかくろく》』で令名を馳せた鈴鹿連胤《つらたね》がいます。現在の御当主は鈴鹿長雄《ながお》氏で、六十三代に当ります（令和二年時点では鈴鹿十久氏で六十四代)。
さて、鈴鹿家に所蔵されていて、今回初めて見い出し得た、「万治《まんじ》二(一六五九)年九月十一日神嘗祭使王卜串《しおううらぐし》」の写真を別資料として用意致しました。御覧下さい。

本品は紙に包まれており、写真Ⓐは、その包み紙を開いたところです。三点からなり、右からローマ数字Ⅰ・Ⅱ・Ⅲと番号を付しておきます。Ⅰ・Ⅱ・Ⅲの三点は、いずれも紙で墨書。Ⅰ・Ⅲは一紙、Ⅱは、上下の余った部分を裏側に折り畳む折封の形式となっています。

Ⅰは、「万治二年九月十一日　卜串　例幣」(写真Ⓐ)と墨書されています。

Ⅱは、上書に「卜丙合」(写真ⒶⒷ)とあり、裏の封じ目には「師」(写真Ⓒ)とあり、さらに、開いたところに「當兼王」(写真Ⓓ)と墨書されています。

Ⅲには、「卜乙下合　兼字王　卜不合」(写真ⒶⒺ)と墨書されています。

卜串は、後で述べますが、密封して提出されるものですので、Ⅱが万治二（一六五九）年九月十一日に伊勢神宮の神嘗祭に発遣される奉幣使王を卜定《ぼくじょう》した卜串であり、Ⅲは覚えのために卜定結果を記したものだと思われます。卜定とは、亀甲（卜甲）を灼《や》いて卜合《ぼくごう》・卜不合《ぼくふごう》を占い決定することです。なお、法量は、Ⅰが縦十八・一cm×横五・一cm、Ⅱが縦十四・〇cm×横四・〇cm

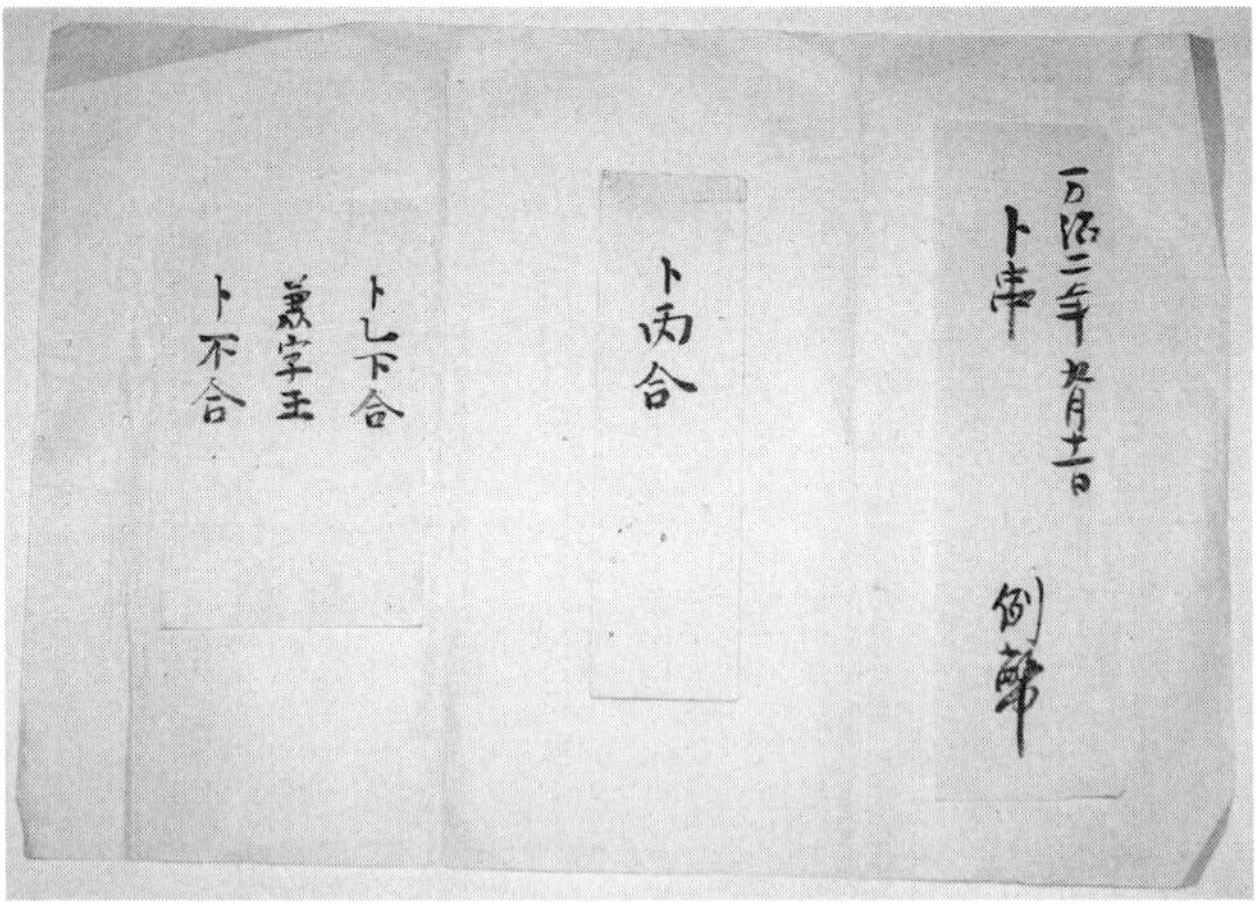

Ⅲ　Ⅱ　Ⅰ

（A）鈴鹿家所蔵「万治二年九月十一日　神嘗祭使王卜串」の包み紙を開いたところ。

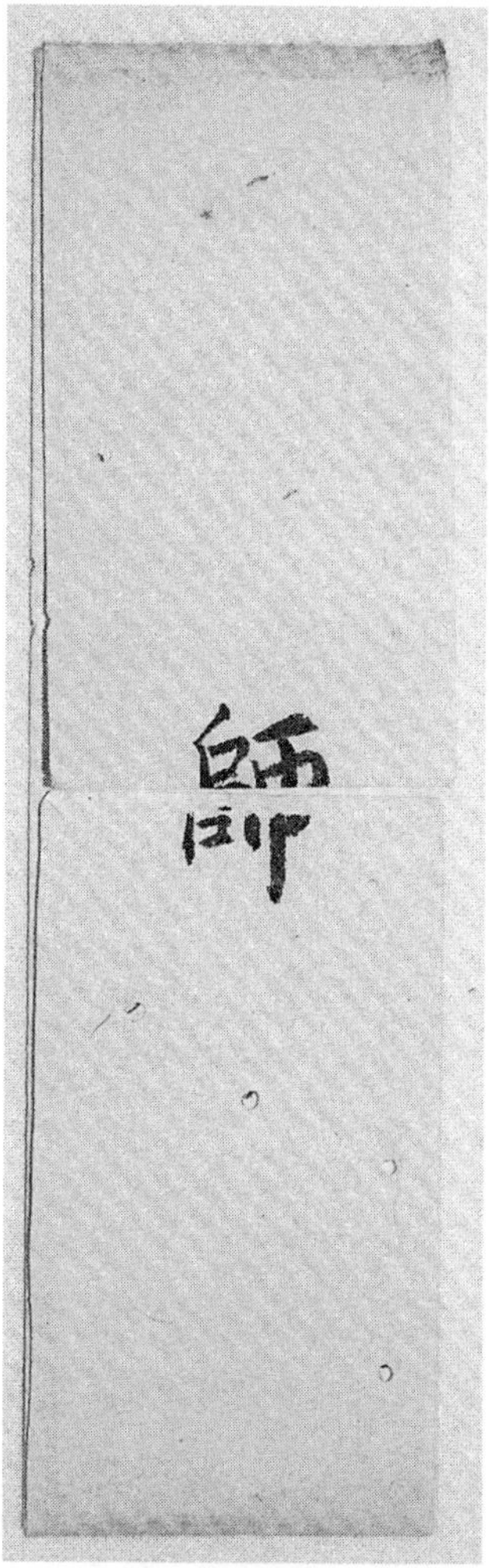

(C)「万治二年九月十一日
神嘗祭使王卜串」の裏。

(B)「万治二年九月十一日
神嘗祭使王卜串」の上書き。

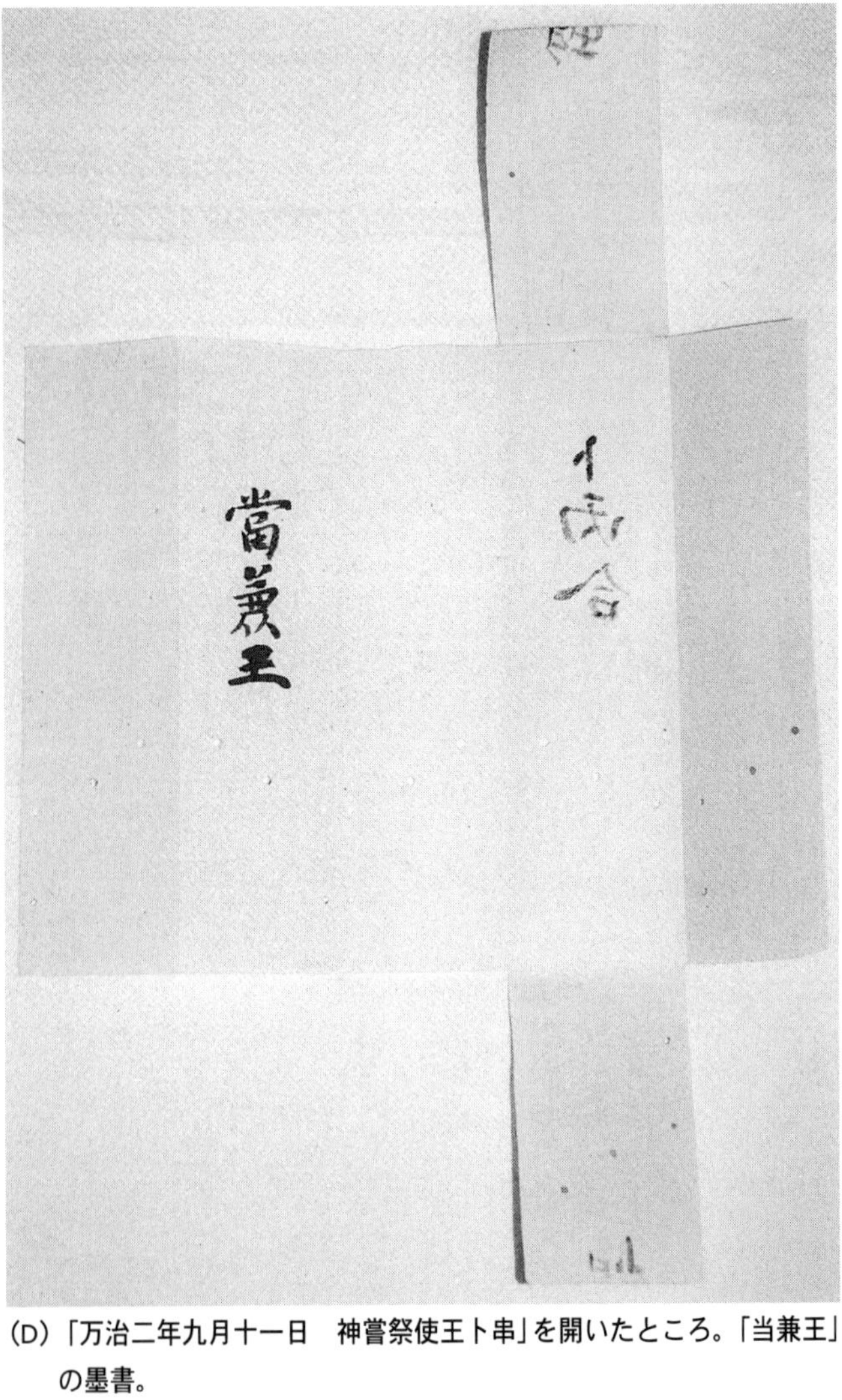

(D)「万治二年九月十一日　神嘗祭使王卜串」を開いたところ。「当兼王」の墨書。

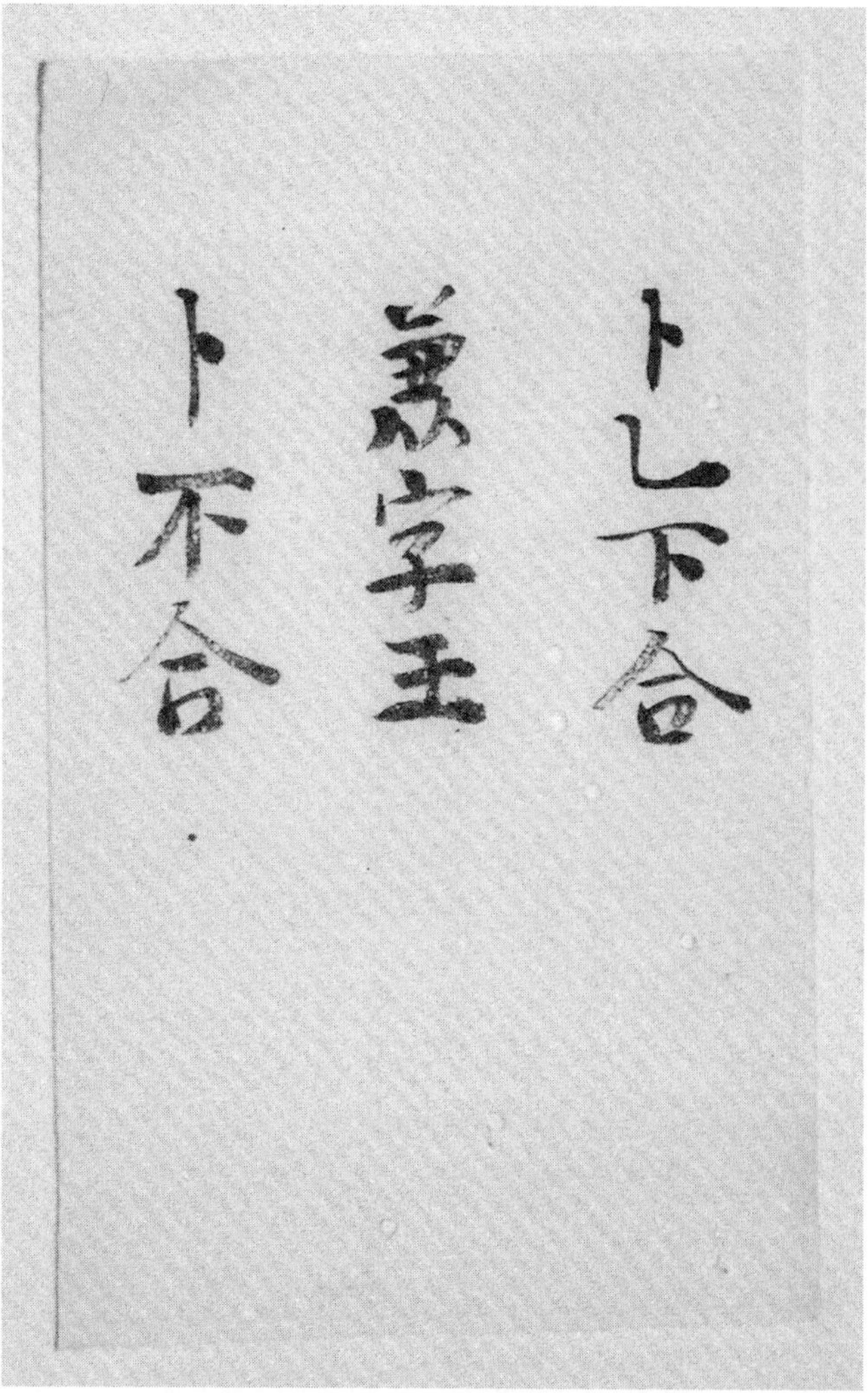

（E）覚えのために卜定結果を記した文書。

（開封状態で縦二十八・〇㎝×横十九・三㎝）、Ⅲが縦十一・五㎝×横七・〇㎝です。

三　神嘗祭奉幣使と発遣儀

本卜串の考証に入る前に、神嘗祭奉幣使についてご説明しておきます。

神嘗祭は、神宮恒例祭の中でも最重要の大祭と位置付けられ、『皇太神宮儀《こうたいじんぐうぎ》式帳《しきちょう》』『止由気宮儀式帳《とゆけぐうぎしきちょう》』によれば、外宮では九月十五日・十六日に、内宮は同月十六日・十七日に、それぞれ二日間に亙って斎行され、新穀を中心とした由貴大御饌《ゆきおおみけ》が両宮に奉奠《ほうてん》されます。

なお、『皇太神宮儀式帳』は、延暦《えんりゃく》二十三（八〇四）年八月に皇大神宮が神祇官に提出した上申文書で、『止由気宮儀式帳』は、同年三月に豊受大神宮が神祇官に提出した上申文書です。両書をあわせて「延暦儀式（帳）」とも呼び、伊勢神宮に関するまとまった最古の文献です。神嘗祭のことは、既に、「養老神祇令《ようろうじんぎりょう》」（『養老律令』の施行は天平宝字《てんぴょうほうじ》元〈七五七〉年）に「季秋《すえのあき》神衣祭《かむみそ》　神嘗祭」と祭祀名が見え、律令制下においては、年中恒例の神祇祭祀と規定されており、朝廷より伊勢神宮に奉幣使が発遣されます。

神嘗祭への奉幣使発遣の初見記事は、『続日本紀《しょくにほんぎ》』養老五（七二一）年九月乙卯《きのとう》（十一日）条で「天皇御二内安殿《ないあんでん》一、遣レ使供二幣帛《みてぐら》於伊勢太神宮一、以二皇太子女井上王《いのうえのおおきみ》一為二斎内親王《いつきのひめみこ》一」とあります（元正《げんしょう》天皇朝）。以後の奉幣使発遣は毎年九月十一日を恒例とし、故に、これを例幣《れいへい》・例幣使《れいへいし》とも称しています。

伊勢神宮への奉幣使は、他社とは異なり、別格で、「養令神祇令」に「凡常祀之外、須下向二諸社一、供中幣帛上者、皆取二五位以上卜食者《うらはみのもの》一充（唯伊勢神宮、常祀亦同〕」（〔　〕内は二行の割書き、以下同じ）と規定され、また、『続日本紀』天平二（七三〇）年閏六月甲午《きのえうま》条には「制、奉㆓幣伊勢大神宮㆒者、卜食五位已上宛㆑使、不㆑須㆓六位已下㆒」とあり、臨時祭・毎年の恒例祭（常祀）との区別はなく、五位以上の官人が卜定《ぼくじょう》を経て任用されました。伊勢神宮以外の諸社の場合は、卜食の五位以上の者が奉幣使として派遣されるのは、臨時祭の時だけです。

さらに、例幣使に関しては、「延喜四時祭《しじさい》式」伊勢大神宮神嘗祭条（『延喜式』の奏進は延長五〈九二七〉年）に「右当月十一日平旦、天皇臨㆓大極後《だいごくこう》殿《でん》㆒奉㆑幣《みてぐら》〔事見㆓儀式㆒〕、其使諸王五位已上、及中臣・忌部官各一人給㆓当《とう》色《じき》㆒」、「延喜太政官《だじょうかん》式」伊勢使条にも「凡九月十一日、行㆓幸八省院㆒、奉㆓幣於伊勢大神宮㆒、其使者、太政官預《あらかじめ》点㆓五位已上王四人㆒卜定〔用㆓卜食者一人㆒〕、大臣奏聞《そうもん》、宣命授㆓使王㆒、共㆓神祇官中臣・忌部㆒派遣〔事見㆓儀

式二」」と規定され、卜食の五位以上の王（使王）、神祇官の中臣《なかとみ》・忌部《いむべ》各一人、そして後執者（後に卜部《うらべ》が加わる。四姓の使い）によって構成されます。

神嘗祭奉幣（例幣）使発遣の儀の儀式次第は、『儀式』巻五「九月十一日奉伊勢大神宮幣儀」（現存本『儀式』は平安前期の貞観《じょうがん》年間に成立した『貞観儀式』と考定される）、「延喜四時祭式伊勢大神宮神嘗祭条」「同太政官式伊勢使条」に規定があり、また、『九条年中行事《くじょうねんちゅうぎょうじ》』十一日奉幣伊勢太神宮事（藤原師輔《もろすけ》撰の儀式書、十世紀中頃成立）、『西宮記《さいきゅうき》』恒例三・九月十一日奉幣（源高明《たかあきら》撰の儀式書、平安中期成立）、『清涼記《せいりょうき》』十一日奉幣伊勢大神宮事（平安時代の儀式書）、にも記事が見えます。

儀式内容は以下のようになります。

○神嘗祭奉幣（例幣）使発遣の四日前（九月七日）に、五位以上の王一人を奉幣使として卜定する。

○九月十一日早旦、天皇は禊斎の後、大極殿《だいごくでん》後房の小安殿《こあどの》へ行幸される。御座は、小安殿の東第三間の中央に鋪設《ほせつ》されており、東南（伊勢）の方角に向いている。まず、伊勢神宮に奉献される御幣《みてぐら》を奉拝される。御幣は同間の東壁下に葉薦《はごも》を敷き置かれている。豊受宮（外宮）御幣は南、大神宮（内宮）御幣は北に設置されている。

天皇が御座に着御される。天皇の勅語「中臣・忌部を喚《よ》べ」を受けて、少納言が中臣・忌部を喚ぶ。中臣・忌部が参入し、小安殿の東南庭の版《へん》（庭上の位置を示す標識）に就く。勅語「忌部参り来れ」。忌部は称唯《いしょう》（召しを受けて、「おお」という声を発して応答すること）し昇殿、跪きて拍手。まず豊受宮御幣を受け執り、次に大神宮御幣を受け執り、版に復す（戻る）。さらに、勅語「中臣参り来れ」。中臣は称唯し昇殿、跪く。勅語「好く申して奉れ」を賜る（中臣は神宮において祝詞を奏上する）。中臣称唯し版に復す。乗輿（天皇）は還宮される。即日、使は神祇官より伊勢神宮に発向し、二十日に使は復命する。

なお、宣命《せんみょう》のことは『儀式』には見えませんが、『九条年中行事』十一日奉幣伊勢太神宮事条によると、小安殿での中臣・忌部への御幣授与がおこなわれた後、大臣は東福門《とうふくもん》南西掖《わき》に設けられた平敷座《ひらしき》（高座《たかざ》に対するもので、床に畳、敷物を敷いて着する座）にて、奉幣使の王を召し、宣命文を給う、とあります。

伊勢神宮への宣命紙は、薄い藍色の縹紙《はなだのかみ》が用いられます（延喜内記式）。幣帛料は「延喜内蔵寮式《くらりょう》」伊勢大神宮祭条に規定があり、内蔵寮が弁備します。

また、神宮神嘗祭においては、内玉垣《うちたまがき》南御門前の中重《なかのえ》に、幣帛を捧げ持つ忌部、王、中臣が進み、中臣が祝詞を奏上しますが、その祝詞は「延喜祝詞式」に収載されています。

例幣使発遣の儀は、平安時代後期に大極殿火災のため、神祇官を式場とする新儀が開かれ、治承元（一一七七）年の大極殿焼亡後は同殿は再建されず、神祇官において挙行されるようになります。

その後、神嘗祭例幣使は、延引・中止があったものの、継続して一応発遣されますが、後土御門《ごつちみかど》天皇の文正《ぶんしょう》元（一四六六）年を最後として中絶してしまいます。例幣使発遣が再興されるのは、江戸時代前期の後光明《ごこうみょう》天皇の正保《しょうほ》四（一六四七）年のことです。

四　万治二年の神嘗祭例幣使発遣儀

（一）万治二年の神嘗祭例幣使

神嘗祭例幣使発遣儀の概略をご説明した上で、次に、鈴鹿家所蔵「万治二年神嘗祭使王卜串」について、時代背景を含め考証を加えて参ります。

まず、万治二（一六五九）年という年について。万治二年は後西《ごさい》天皇朝で、この年の九月十一日に神嘗祭例幣使が発遣されたことは、『続史愚抄《ぞくしぐしょう》』万治二年九月十一日条に「十一日己巳《つちのとみ》、例幣。上卿《しょうけい》日野新大納言〔資行卿〕、奉行《ぶぎょう》蔵人《くろうど》左中将実道朝臣。有㆓御拝㆒」とあることより確認されます（『続史愚抄』は史書で、編者は江戸中期の公家柳原紀光）。

前年の万治元年は「万治元年の御炎上」とも称される、神宮罹災上でも稀に見る火災が発生した年です。万治元年十二月晦日の午《うま》の上剋（午前十一時から十二時頃）、内宮宇治郷の波多より失火、西北の烈風に煽られ、火は内宮に燃え移り、内宮御正殿以下の諸殿舎は悉く灰燼に帰し、僅かに延焼を免れたのは豊受宮拝所と山神の社のみであったと記録されております。本宮、別宮の御正体、御神宝は山中に遷幸して難を避けました。罹災後の復旧活動は迅速です。翌二年正月には諸殿舎以下の造営入札が始まり、四月十八日に内宮の仮殿遷宮が斎行され、十一月二十五日には内宮の臨時の正遷宮が斎行されています。

万治二年九月の例幣使発遣儀は吉田神楽岡《かぐらおか》の斎場所《さいじょうしょ》（現在は吉田神社の末社）において挙行されました。神祇官の殿舎は応仁の乱で焼失し、その後は再建されることはなく、臨時の奉幣儀はその跡地において行われていましたが、天正《てんしょう》十八（一五九〇）年、吉田家より請願されていた神祇官八神殿《はっしんでん》の再興が許可され、吉田家斎場所に神祇官八神殿が移されることとなり、吉田家は神祇官代《じんぎかんだい》としての地位を確立して宮廷祭祀を担当します。神祇官跡地を含む一帯には二条城が創建されます（慶長《けいちょう》八〈一六〇三〉年）。

ここで、神祇官八神殿と吉田家斎場所についてご説明を加えておきます。

神祇官八神殿とは、神祇官の西院（斎院）に奉安されている八神殿のことを云い、天皇の御寿《いのち》の守護神である八神（神産日神《かみむすひのかみ》・高御産日神《たかみむすひのかみ》・玉積産日神《たまつめむすひのかみ》・生産日神《いくむすひのかみ》・足産日神《たるむすひのかみ》・大宮売神《おおみやのめのかみ》・御食津神《みけつのかみ》・事代主神《ことしろぬしのかみ》）が奉斎されています。

吉田家斎場所の八神殿は幕末迄、同所に奉安され、明治二（一八六九）年、白川家において奉斎されていた八神とともに、明治政府により再興された東京の神祇官に迎えられ、その後、宮中三殿の神殿に祀られます。

神楽岡に位置する吉田家斎場所は、吉田兼倶《よしだかねとも》（永享七〈一四三五〉年―永正八〈一五一一〉年、室町時代の神道家）が文明十六（一四八四）年、吉田神道（卜部《うらべ》神道・唯一《ゆいいつ》宗源《そうげん》神道・元本《げんぽん》宗源神道とも）の根本斎場として設けたものです。

斎場所には、天神地祇八百万《あまつかみくにつかみやおよろず》の神々を総て祀る、八角形の大元宮《だいげんぐう》が中央に南面して位置し、その東西に式内社三千百三十二座の神々を祀る諸神社が鎮座します。さらに、伊勢神宮における内宮と外宮の紛争を口実として、延徳元（一四八九）年には、伊勢神宮の内宮・外宮の神々が降臨したと称して、斎場所内に、伊勢神宮を奉斎し、伊勢神宮側と鋭く対立することとなります。しかし、神祇官八神殿が斎場所内に再興されると、吉田家（神社）による特定の朝廷祭祀の代行が認められ、同家は神道の宗家としての地位を確立します。

さて、如上のような経緯を経て、慶長十四（一六〇九）年以降は、吉田家斎場所を神祇官代として、同所において神宮奉幣使発遣儀が執行されることとなり、幕末迄、吉田家斎場所が神宮奉幣使発遣儀の式場となりました。例幣使発遣儀が再興されるのは、先に述べましたように、正保四（一六四七）年九月のことです。

なお、吉田家斎場所が神祇官代と定まった事由の一つとして、藤森馨氏は、天正十三（一五八五）年の奉幣使発遣儀において鋪設《ほせつ》（式場設営）の不手際があり、それに疑義を抱いた吉田兼見《かねみ》と弟梵舜《ぼんしゅん》の策動を想定されています（藤森馨氏「王氏の終焉と王代河越家の成立」、同著『平安時代の宮廷祭祀と神祇官人』〈大明堂、平成十二年〉所収）。

（二）使王卜定と卜串

次に、使王《しおう》《つかいのおう》を卜定する手順、そして、「卜串」についてご説明致します。

使王卜定の手順は、『儀式』巻五「九月十一日奉二伊勢大神宮幣一儀」に「前四日、外記録二王氏五位已上四人歴名《れきみょう》一封レ之、令下二神祇官一卜上〈五世者不《もち》レ須《いず》〉、神祇官卜畢、注二合否一進、於二大臣前一、開レ封令レ覧、訖喚二卜食《うらはみの》者《もの》一仰レ之、亦告二神祇官一」と規定されています。

『儀式』をもとに『延喜式』及び、『九条年中行事』十一日奉幣伊勢太神宮事、『西宮記』恒例三・九月十一日奉幣、『清涼記』十一日奉幣伊勢大神宮事、で補足すると、使王卜定の手順は次のようになります。

○太政官において、奉幣使の候補者となる、四世以内で五位以上の王四名を選定する。

○奉幣使発遣（九月十一日）の四日前（九月七日）、太政官の外記《げき》（詔書・太政官符などの作成を担当する書記官）が、選定された五位以上の王四名の歴名《れきみょう》（名簿）を作成し、厳重に封緘して神祇官に提出する。

○神祇官は亀卜により、奉幣使を勤仕する王一人を卜定する。さらに、合否の卜定結果を記し封緘して、再度、外記に返却する。

○外記は大臣の前で封を開き、卜定結果を報告する。それを受けて、卜定された王が召喚され、奉幣使勤仕を命じられる。

使王は太政官が選定した五位以上の王四名の内、一名を神祇官が卜定するもので、藤森氏が指摘するように、選定の主体は太政官にあります（藤森氏前掲論文）。また、朝廷の祈願・意志を神宮へ伝達する宣命は、この使王に授与されます。

使王卜定に際して用いられるものが「卜串」でありますが、「卜串」について、辞典項目は次のように説明しています。

『平安時代史事典』（角川書店、平成六年）の「卜串〔うらぐし〕」の項目

（藤森馨氏執筆）に「大嘗祭の国郡や伊勢神宮奉幣使を卜定するに際して、候補地・候補者名を書いた紙。大嘗祭の国郡卜定時の卜串は『大嘗会儀式具釈』一は「卜串トハイヘトモ串ニ非ス。国郡ノ名ヲ書キタル紙ヲ云ナリ」と説明している。また、伊勢神宮奉幣使卜定にあたっても、『江家次第』十二（開二卜串一儀）に「外記入二卜串三枚於筥一」とあり、卜串とは云いながらも紙が使用されたであろうことがうかがわれる。卜串は外記の召喚に応じて参上した神祇官第一の人（神宮関係の時は必ず中臣）が上卿より賜り、卜部が卜定することとなっていた」と記述しています。

また、『国史大辞典』（吉川弘文館、昭和六十一年）の「卜串〔うらぐし〕」の項目（是澤恭三氏執筆）には「亀卜の卜兆を記したるものをいう。これを筥に入れ置き、卜定にあたって筥より押し出して合不合を見る。…（以下略）」とあります。

真野時綱《まのときつな》（江戸時代の神道家）は『古今神学類編』（神道大系主編四所収）において、卜串の素材が、その呼称より、本来は竹ではなかったかと推定していますが、徴証《ちょうしょう》は見い出し得ない。

卜串が紙であったことは、本品―鈴鹿家所蔵卜串より確認されます。鈴鹿家所蔵卜串は江戸初期のものではありますが、古代においても、卜串が紙であったことは、『江家次第《ごうけしだい》』（大江匡房《おおえのまさふさ》撰の儀式書、平安後期成立）の記述からも窺えることです。『江家次第』巻十二「伊勢公卿勅使《いせくぎょうちょくし》」条に「次令三官人召二外記一、外記参二候小庭一、次上卿《しょうけい》仰下可レ進二卜串一由上、次外記起取二卜串一参入〈入レ筥《はこ》〉、次上卿令三外記開二卜串一、次仰二使王於外記一」、また、「開二奉幣使卜串一儀」条に「召二外記一被レ仰下可レ持二参卜串一之由上、外記入二卜串三枚於筥一、参二膝突《ひざつき》一覧レ之、上卿推出、外記開レ之〈不レ開二不合一〉」とあり、卜串は「枚」で数えられるもので、且つ「開く」ものでありますので、竹ではなく紙であったと考えられます。

五　卜定結果の意味

鈴鹿家所蔵の万治二年神嘗祭使王の卜串は、Ⅱ(写真Ⓑ©Ⓓ)であり、Ⅲ(写真Ⓔ)は覚えのために卜定結果を記したものだと思われることは先に述べましたが、ⅡⅢを合わせて、この時の卜定は、「卜丙合《ぼくへいごう》」が「当兼王《とうけんおう》」、「卜乙下《ぼくおつげ》合《ごう》」の「兼字王《けんじおう》」が「卜不合《ぼくふごう》」となったことを知ることができます。

この「卜乙下合」「卜丙合」の卜定結果の意味については、『宮主秘事口伝《みやじひじくでん》』に参考となる記事があります。「宮主《みやじ》」とは、神祇官に仕え、亀卜を専門とした卜部《うらべ》(令規定《りょう》では定員二十人)の中で、最も卜術に優れた者のことを云います。同書は、宮主の職掌に関する、卜部氏の秘事・口伝を集めた書物で、康安二（貞治元、一三六二）年頃の成立とされます（安江和宣氏『神道祭祀論考』〈神道史学会、昭和五十四年〉。以下、『宮主秘事口伝』の引用文は同書に拠る）。

十一日神今食。

此次第在二別巻一。同二于大嘗会儀一也。

大納言者一人ト丙合ト書。自余ヲハ皆ト不レ合ト書レ之。大嘗会時者、大納言ヲモ一人者ト乙下合。一人ヲハト丙合ト書レ之。大嘗会之ト合如レ此。於二神今食一者、不レ可レ依二大嘗会年一、只ト丙合一人也。次中納言ヲハト乙下合一人、ト丙合一人也。自余ヲハ皆ト不レ合ト書二付之一。参議同前也。

此ト串、局務大外記、以二少納言侍一令レ書二送之一。

卜合以前ヲハ号二卜串一、卜合ヲ書付之後、号二卜形一也。乙下合者吉、兆人也。乙下合、中二子細一之時、丙合人可レ参也。乙下合・丙合共、以固辞之時、被レ仰二不レ合人一也。不レ入二其月一者、不レ可二請取一所二返遣一也。折紙ニ現任大中納言、参議実名ヲ書注テ、令レ相二副之一。此折紙ヲハ宮主止置、先例也。

次少納言、六位外記。卜串二通、同相副。卜丙合一人。卜乙下合一人。自余者皆卜不レ合卜注付〔六位史、自レ昔不レ卜レ之〕。藤原朝臣之下ニ注ニ書付也。現任中、重軽服人ヲハ外記書除也。

宮主卜合之時、貴人并不レ仕人。不レ卜二合之一。以二当出仕器用人一令二卜合一、故実也、口伝也。又第一上首不二卜合一也。以二同人一毎度令二卜合一之時者、其人被二腹立一。可二存知一事也。

次弁官卜串者、官務書二送之一。以二弁侍一送也。正大弁オハ不レ書。中

弁中一人卜丙合。少弁中一人卜乙下合。自余不レ合卜注付。其後号二卜形一也。是モ以二同人一不レ可二卜合一。其年中ニ可二卜替一也、上古者、宮主於二宮内省一卜レ之。中古以来、於二里亭一密々之儀也。此儀、十一月新嘗祭。十二月神今食同レ之。

右は、朝廷の月次祭《つきなみさい》神今食《じんこんじき》《かむいまけ》に奉仕する小忌《おみ》の官人の卜定を記した条です。月次祭神今食とは、六月・十二月の十一日の月次祭の夜に斎行される神事で、天皇が中和院《ちゅうかいん》の神嘉殿《しんかでん》に出御され、神饌を親供《しんく》されます。祭儀内容は十一月の新嘗祭とほぼ同じです。小忌《おみ》の官人は神事に直接奉仕する者で、そのために厳重な斎戒が求められ、また、卜定によって選出されます。

右に掲げた、『宮主秘事口伝』の記事の要点は、次の(a)から(e)となります。

(a)神今食に奉仕する小忌官人の卜定に際しては、大納言一人を卜丙合《ぼくへいごう》（卜《うらない》の結果、神慮の「丙」に合うの意）と書く。自余は皆、卜不合《ぼくふごう》（卜の結果、神慮に合わずの意）と書く。大嘗会の時は、大納言一人は卜乙下合《ぼくおつげごう》（卜の結果、神慮の「乙の下」に合うの意）、一人を卜丙合と書く。神今食では卜丙合一人だけである。中納言は、卜乙下合一人、卜丙合一人とする。自余は皆、卜不合と書く。参議《さんぎ》も同じである。

(b)卜合以前（卜以前の候補者・候補地を記した紙）は卜串《うらぐし》と号し、卜合（卜の結果）を書き付けた後は卜形《うらがた》と号す。乙下合の者を吉とする。兆人（最も神慮に合うという兆《きざ》しを受けた人）である。乙下合の者に子細（不都合）がある時は、丙合の人を充てる。乙下合・丙合の両人ともが固辞した時は、不合の人に仰せ付ける。

(c)折紙《おりがみ》に現任の大・中納言、参議の実名を書き注して、これに添える。この折紙は宮主のもとに止め置くのが先例である。少納言、六位外記《げき》は卜串二通で、同じく実名を記した折紙を添える。卜丙合は一人、卜乙下合も一人で、自余は皆、卜不合と注し付す（六位史《し》は卜定しない）。現任中のもので、重服《じゅうぶく》（父母の喪）・軽服《きょうぶく》（軽い喪、遠い親族の喪など）の人については外記は予め除いておく。

(d)宮主が卜合する時は、貴人並びに人に仕えない人については、之に合うかを卜合しない。出仕にふさわしい器用（器量）を持った人を卜合する。故実、口伝である。また、第一上首は卜合しない。同じ人を毎度、卜合とするとその人は立腹する。存知すべき事なり。

(e)弁官《べんかん》卜串の場合は、官務《かんむ》（史の上首である大夫史）がこれを書き送る。正大弁《だいべん》は書かない。中弁《ちゅうべん》の中の一人を卜丙合、少弁《しょうべん》の中の一人を卜乙下合、自余は卜不合と注し付す。その後は卜形と号す。これも同じ人ばかりを卜合とせず、其年中に卜替（交替）とすること。上古は、宮主は宮内省において卜定したが、中古以来は、里亭《りてい》（里の屋敷）における密々の儀である。
この儀は、十一月の新嘗祭、十二月の神今食もともに同じである。

『宮主秘事口伝』には、小忌卜定の具体的な記載方法が窺え興味深いのですが、行論上、着目されるのは、(b)の点です。

(b)によれば、「乙下合」の卜定結果を受けた者が吉で、最も神慮に適った「兆人」であるが、乙下合の者に不都合がある時は、次点となった「丙合」の卜定結果を受けた人を充て、乙下合・丙合の両人とも固辞した時は、不合の人に仰せ付ける、とあります。従って、万治二年九月の神嘗祭使王は「卜丙合」であった「当兼王」が勤仕し、本来、吉であった「卜乙下合」の「兼字王」には何かの事情があり、結局「卜不合」となったと考えられます。

六　亀卜の作法

卜定には、亀甲（卜甲）を灼《や》き、その亀裂で神慮を判断する亀卜《きぼく》が用いられます。

鈴鹿家は亀卜の秘技を伝襲した家柄であることは先に述べましたが、同家には、亀卜に用いられた亀甲の実物が三枚残されていました。いずれも大嘗祭において悠紀《ゆき》・主基《すき》の両斎国郡を卜定するために用いられた亀甲です。悠紀・主基両斎国郡から献上された新穀が神饌となります。

その内の二枚は、元文三（一七三八）年桜町《さくらまち》天皇大嘗祭の国郡卜定の亀卜に使用された亀甲で、一枚の亀甲（縦二十四・〇cm×横十五・〇cm　側面縦二十一・〇cm）は波々賀《ははか》（うわみずざくら〈上溝桜〉、かにはざくら〈朱桜〉とも）の木で灼かれたもので、灼かれた時の亀裂が墨の兆位（町形《まちがた》）に及んでいる（墨を食《は》んでいる）様子が明瞭に窺えます（口絵写真Ⓐ）。もう一枚（縦二十四・〇㎝×横十五・二㎝　側面縦二十一・〇㎝）は未使用で、墨の兆位（町形）のみが描かれていました（口絵写真Ⓑ）。「元文三年八月二十八日　亀甲包　二ツ　国郡卜定」の墨書がある包紙と、亀甲を包む錦《にしき》が添えられていました。元文三年の斎国郡は、悠紀が近江国滋賀郡松本町、主基が丹波国桑田郡鳥居村に卜定されています（鈴鹿家所蔵資料「貞享－嘉永の悠紀・主基国郡名」）。

残る一枚の亀甲（縦二十四・〇㎝×横十五・〇㎝　側面縦二十一・五㎝）も未使用で墨の兆位（町形）のみが描かれており、「卜定御用　隆冬」の墨書がある包紙の中に収納されていました。鈴鹿隆冬は鈴鹿雄賢の子で、大嘗祭亀卜のための卜部改姓は、明和八（一七七一）年後桃園《ごももぞの》天皇大嘗祭と天明七（一七八七）年光格《こうかく》天皇大嘗祭の二度（鈴鹿家所蔵資料『家伝』）であるので、本亀甲は、明和八年度後桃園天皇大嘗祭、もしくは天明七年度光格天皇大嘗祭の時のものと考えられます。亀甲は「大嘗会国郡卜定控筥」(だいじょうえこくぐんぼくじょうひかえばこ)の箱書がある木箱に収納されていました。

鈴鹿氏の本姓は中臣姓で、そのため、鈴鹿中臣氏とも称しますが、亀卜を担当する時は、本姓の中臣姓から卜部姓に改姓し、祭儀終了後、中臣姓に復姓します(鈴鹿家所蔵資料「元文三年卜部改姓・中臣復姓事」・『家伝』)。

また、亀甲は購入により入手したようで、文化十四(一八一七)年十一月七日付けの小田原屋八右衛門から吉田《よしだ》御納戸《おなんど》方《かた》役人宛の上亀甲三枚の納品覚えが残されています(翌文政元年十一月には仁孝天皇大嘗祭が斎行されます)。『大嘗会記録』(『古事類苑』神祇部一所収)の貞享四(一六八七)年八月十四日条には、吉田家家臣の鈴鹿修理《しゅり》亮《すけ》中臣治之を堺の薬屋に派遣し卜定用の亀甲を求めさせたとあります。

さらに、鈴鹿家には元文三（一七三八）年桜町《さくらまち》天皇大嘗祭、寛延元（一七四八）年桃園《ももぞの》天皇大嘗祭の時の小忌卜定儀式文が残されており、それらに拠ると、宗源殿《そうげんでん》の庭上に亀卜壇《きぼくだん》を構え卜定がおこなわれています。

鈴鹿家には、さらに、亀甲を灼く作法書、佐万志竹《さましたけ》・波々賀木《ははかのき》の用具、国郡卜定の筆・硯など、亀卜関係資料が多く伝襲されていました。

本章では、鈴鹿家資料をもとに、亀卜の具体的な作法次第をご説明致します。まず、資料として、寛延元（一七四八）年桃園天皇大嘗祭における悠紀・主基両斎国郡の卜定次第の関連箇所を次に掲げます（鳥越憲三郎・有坂隆道・島田竜雄氏編著『大嘗祭史料　鈴鹿家文書』〈柏書房、平成二年〉に拠る）。

寛延度の国郡卜定儀は、同元年八月二十五日に斎行されました。

寛延元年大嘗会国郡卜定

次上卿召二中臣一（上卿未レ召ニ進、若年未練ノ故也）、中臣参二上卿前一（不レ着レ軾）、次上卿卜串入之筥（卜串四通入）、□渡玉《（給）》ヒテ可二卜申一由仰ス、次中臣筧筥ヲ持、主君ノ前エ持参シテ□笏小揖、中臣復レ座、次主君両卜者ニ気色シ玉フ、両卜者左ノ膝ヲ直テ承レ之（于レ時中臣起レ座、主君ノ前ニ進参、是所役ノ時ニ非ス、拝見、堂上堂下大笑〻〻）。

次悠紀卜者雄賢、笏ヲ右ノ脇ニ置テ手文筥ノ紐ヲ解キ、次筥ノ蓋ヲ取テ座ノ左ノ方ニ置、次掛子《ゴ》ヲ取テ主基卜者ニ渡（手文筥、元文ノ度被レ用ヲ其侭今度被レ用、但シ先年ハ此カケゴハ不レ被レ用也、今度ハカケゴモ被レ用故、比カケゴノ内エ主基ノ方ノ亀甲以下ノ具不レ残入有レ之也、尤カケゴ座ナガラ渡レ之也）。

次主基卜者雄風、笏ヲ右ノ脇ニ置、左右ノ手ニテカケゴヲ座前左ノ方エサシ引寄置、次両卜者一同ニ先手文ヲ取出、前ニ置（無二遅速一様ニ見合也〕、次甲包取出、座前砂ノ上ニ置〔此義包ナガラ前ニ置、此包物先年ハ大紋ノ錦也、今度白綾絹ニ被レ改レ之、裏生絹也、寸法如二元文一〕、次左ノ手ニテ佐万志竹五本ヲ取、右ノ手ニテ一本宛甲ノ右ノ方ニ並置、次左ノ手ニテ波々賀木〔三十二本〕取出、右ノ手ニテ佐万志竹ノ内ノ方ニ〔左方〕置、次火箸二ツヲ取出〔一ツ宛取出也〕、右ノ膝ノ脇ニ置、次甲包ヲ開〔甲二枚其侭、カサネ置也〕。

次両卜者一同正笏修二中臣祓一、次祭文ヲ読、畢一同小揖〔中臣祓、祭文、各微音〕、次笏ヲ右ノ脇ニ置、次右ノ手ニテ佐万志竹一枚ヲ取テ左ノ手ニ移シ、又右ノ手ニテ波々賀木一本ヲ取テ左右ノ手ニ持ナガラ、甲二枚ヲ取持テ呪文ヲ修ス〔此義左ノ手ノ佐万志竹ハ甲ノ表ニ出、右ノ手ノ波々賀一本ハ甲ノ裏ニナス〕、畢テ如レ始甲ヲ前ニ置、竹木ヲ初ノ所ニ置、扨甲二枚重ネアルヲ一枚宛絹ノ上ニ並フ〔此義悠紀ノ方ノ甲左一・左二ト書付有レ之、主基ノ方ノ甲右一・右二ト書付有レ之ヲ、書付ノ次第ニ両方トモ並レ之〕。

次右ノ手ニ波々賀木六本ヲ取テ左ノ手ニ移シ、右ノ手ニ火箸ヲ持テ波々賀六本ヲ一本宛炉火ニ焼、次佐万志竹一枚取、右ノ手ニ持テ□上一寸―中一寸―下一寸―、次左右ノ手ニ火箸ヲ持、甲一枚ヲ挟ミ呪文ヲ唱フ、畢テ灼レ之、是迄両人所作一同也〔此已後灼ヤウニ、遅速可レ有レ之〕、灼時ニ三種祓、登穂恵美加美多女ヲ百千反モ読ナリ、灼ヤウハ先甲ノモトヨリ頭へ、カシラヨリモトへ、次左へ、次右へ、如レ此何反モ灼レ之、甲一枚灼畢ル、次左ノ手ノ火箸ニテ甲ヲ挟ミテ火櫃ノフチニモタセテ、右ノ手ニテ佐万志竹一枚ヲ取テ甲ニ水ヲ灑ク、先竹ニテ水器ノ水ヲスクウテ、甲ノモトヨリカシラへ、又カシラヨリモトへ、次左ノ内ヨリ外へ、次右ノ内ヨリ外へ、次甲ノ中程ヨリ下へ水灑キ、畢テ其儘甲ノフチニモタセ置、次右ノ手ニ火箸ヲ取テ左右ノ火箸ニテ甲ヲ挟ミ、初ノ絹ノ上ニ置。

次又波々賀六本ヲ炉火ニ焼〔如レ始〕、次又甲ヲ取〔是悠紀主基トモニニトアル甲也〕、左右火箸ニテ挟ミ灼コト同断〔呪文同前〕、灼畢水ヲ灑クコト同前。

次甲ヲ並置テ右ノ手ニ佐万志竹一枚ヲ取持テ水器ノ水ニ入〔三寸口伝〕、水器ノ内ニテ三寸灑テ上中下ノ神ヲ□奉送ナリ〔両人トモ所作無二遅速一、大方同時ニ畢〕、次両方共甲ヲ如レ始絹ニ包前ニ置テ、竹木・火箸・手文等ヲ手文筥ニ入〔先火箸、次波々賀、次佐万志竹、次手文ト如レ此入、但シ主基ノ方ハ甲包モ如レ初カケゴニ入〕、両方如レ此入畢テ、主基ト者雄風、甲包并雑具等ヲ悠紀ト者雄賢ニ返ス〔此義主基ノ方、竹木・火箸・手文・甲包等、始ノ如ク、カケゴニ入テ返ス、入レヤウ始ノ如ク甲包ヲ上ニ置〕。

次雄賢□□ヲ〔右ノカケゴ也〕請取、座前左ノ方ニ置、次先甲包ヲ取出、前ニ有ル悠紀甲包ノ上エ少シカサネ掛テ置、次掛子《ゴ》ヲ手文筥ニ入、次座ノ左ニ始置タル手文筥ノ蓋ヲ取、座前ニ置、次主基ノ甲□（包）ヲ蓋ノ内エ入、次悠紀ノ甲包ヲ入〔重ネ置也〕、次蓋ヲ座前正面エ引直ス、次把レ笏座ヲ直シ一揖、次笏懐中、次蓋ヲ左右ノ手ニテ持、起レ座〔此時沓揖、無レ之〕、始進時ノ路□出テ中ノ柱ノ南ヲ経テ主君御前正面ニ向テ蓋取替□、進リ膝ヲ突テ懐中ノ笏ヲ取出、向二主君一一揖、次主君蓋ヲ引寄セ玉フ〔但ト串入ノ覧筥、御前□□□亀甲持参ノ節、右覧筥ヲ少シ左ノ方□□□ラル也〕、次雄賢退ク、経二始ノ路一復レ座〔拝揖、裾ヲクルコト如レ前〕。

次主君左□ノ甲包ヲ座前ニ開キ、四枚共ニ御座前ニ並玉フ〔包絹ノ上ニ並〕、次硯ニ水ヲ少シ入テ墨ヲ磨、次筆墨ヲ試玉フ〔二筆トモ同断〕、次甲一枚ヲ取窺玉フ、四枚トモニ同様ニ窺玉ヒテ、先ニ上卿ヨリ被レ授覧筥ノト串一通取玉ヒテ、基ノ字ノ下ニ〔ト串ノ封シメニ基ノ字アル、基ノ字ハ上卿ノ御名字也、元文ノ度ハ封ノ字也〕、ト乙下合ト書玉フ〔是覧筥ノ内ニト串ヲ二行□通□カサネアル左ノ方ノ下ニアルト串也〕、其上ナルト串ニト丙合ト書玉フ、次右ノ方ニカサネアル下ノト串ニト乙下合ト書玉フ、次其上ナルト串ニト丙合ト書玉フ、畢テ四通ノト形〔是ヨリト形ト云〕、元ノ如覧筥ニ入ラル、次中臣ニ□返シ玉フ、中臣起レ座、初ノ路ヲ経テ主君御前ニ進テ覧筥ヲ請取、此時主君御膝ヲ直サレ、中臣ニ渡サル〔是上卿ニ進リ玉フノ故也〕、次中臣筥ヲ上卿ニ進リテ、経二本路一復レ座、次主君甲一包ヲ蓋ニ入玉フテ、悠紀ト者雄賢ニ気色シ玉フ、雄賢膝ヲ直シテ承レ之、起レ座経二前路一、主君御前ニ進テ膝突テ笏懐中、蓋ヲ請取、如レ初復レ座、次蓋ヲ座前ニ置テ把笏一揖、次安座シテ笏ヲ左ノ手ニ移シ裾ヲクル、次笏ヲ右ノ脇ニ置。

拟手文筥ノカケゴヲ取テ座前少シ左ノ方ニ置〔砂ノ上也〕、次蓋ノ内ノ甲包一ツヲ取テ〔甲二包カサネ甲包也、是悠紀ノ方也〕、手文筥□甲包ヲカケゴノ内ニ入〔是主基ノ方也〕、拟カケゴヲ初ノ如ク手文筥ノ身ニ納、次前ニアル蓋ヲ取テ元ノ如クニナシテ、左右ノ手ニテ筥ノ紐ヲシテ把笏ス、次上卿令三官人召二外記一、賜レ筥、仰二□封開由一、外記開レ之、次上卿□□披見、畢仰下神祇官可二退出一由上〔此所大外記ノ所役也、大外記依二故障一、今度権少外記役レ之〕。

この「寛延元年大嘗会国郡卜定」を基本にして、記載が簡略な箇所はそれ以外の亀卜次第書で補い、亀甲を灼く亀卜の作法を復原すると大略次のようになります。

①亀甲に墨で兆位（町形）を書く。書き順は、甲の下端から上端へ縦線、次に中央縦線から左に横線、そして中央縦線から右に横線が引かれる（口絵写真Ⓐ Ⓑ参照）。大嘗会国郡卜定の場合の亀甲は、悠紀二枚、主基二枚の計四枚が用いられ、白綾絹で包まれている。

②悠紀の卜者（雄賢）は、手文《てぶみ》筥（手文は儀式次第書）の紐を解き、筥の蓋を取り座の左の方に置く。次に掛子《かけご》（筥の中にかけている箱、主基方の亀甲以下の料が入っている）を取り主基の卜者（雄風）に渡す。

両卜者は一同に先ず手文を取り出し、前に置く。次に白綾絹の甲包を取り出して、座の前の砂の上に置く。次に左手で佐万志《さまし》竹五本を取り、右手にて一本ずつ甲包の右方に並べ置く。佐万志竹は灼いた甲に水を注ぐ道具です（写真Ⓕ参照）。

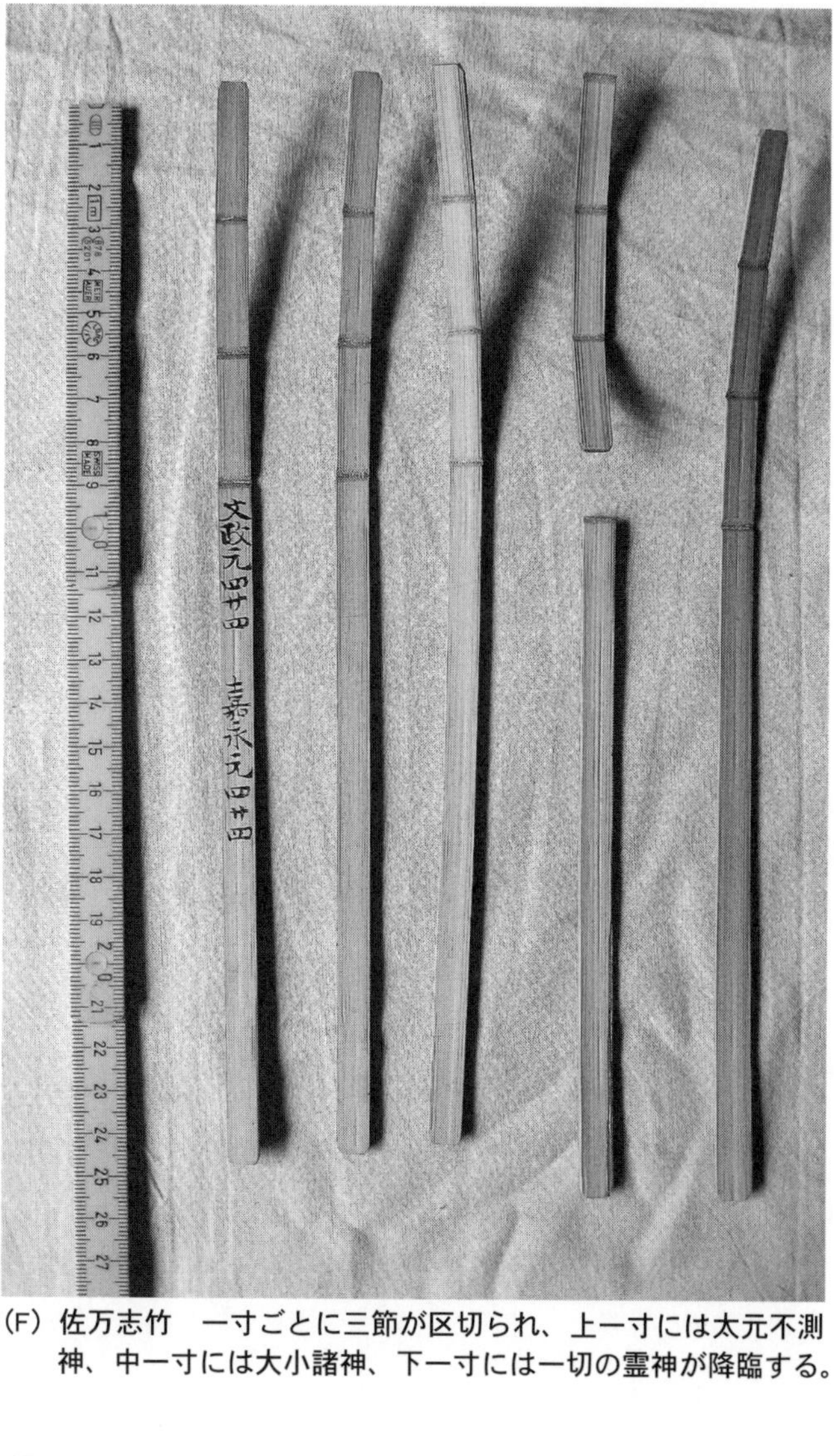

（F）佐万志竹　一寸ごとに三節が区切られ、上一寸には太元不測神、中一寸には大小諸神、下一寸には一切の霊神が降臨する。

次に左手で波々賀木《ははか》三十二本を取り出し、右手にて佐万志竹の内の左方に置く。波々賀木は、先述しましたが、うわずみ桜（朱桜《かにはざくら》とも言う）で甲を灼くための料（写真Ⓖ参照）です。

次に火箸（亀の甲を挟む竹鋏《はさみ》。写真Ⓗ参照）二つを取り出し、右膝の脇に置き、甲包を開く（甲二枚はそのままで重ね置く）。

③両卜者は正笏《しょうしゃく》（笏を両手で正しく体の中央に持つこと）にして、中臣祓《なかとみのはらえ》を修す。次に祭文《さいもん》を読む。畢って一同小揖《しょうゆう》（笏をとって腰を折る礼）。中臣祓、祭文はともに微音である。

中臣祓《なかとみのはらえ》は、六月・十二月の晦日に朝廷で斎行される大祓《おおはらえ》の神事、また、その時に中臣氏によって読まれる大祓の詞（延喜祝詞式所収）のことを言います。後に、臨時の私的な祓にも読まれるようになり、公的な祓を大祓、

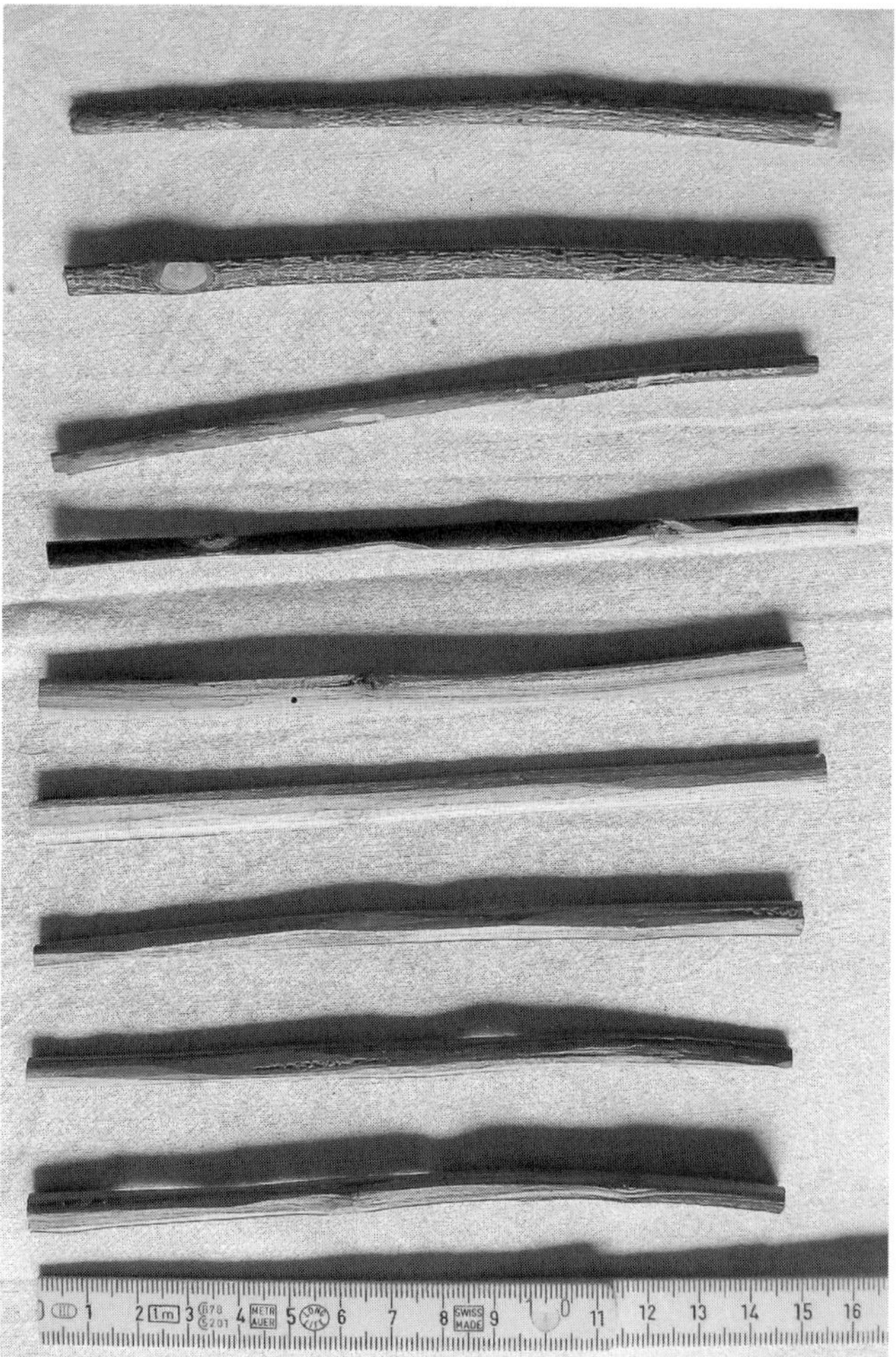

（G）波々賀木　亀甲を灼くための料。神代記天の石屋神話に
「天の香山の天朱桜（ははか）を取りて」とある。

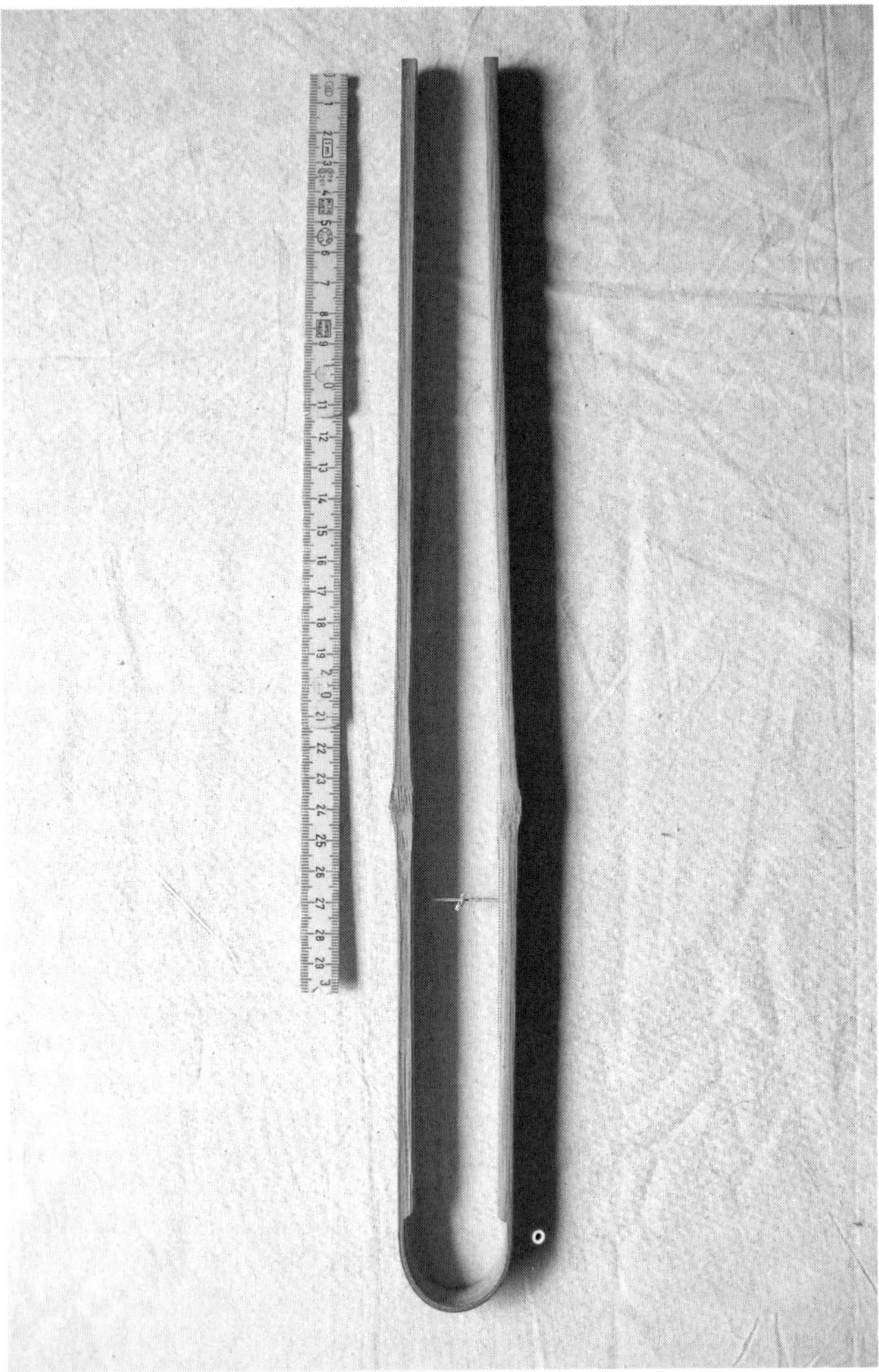

（H）火箸　亀甲を挟む竹箸。内側に「文政元年四月廿四日国郡卜定箸　嘉永元四廿四同上」の墨書がある。

私的な祓は中臣祓と呼び区別され、詞章形式も変化します。
祭文は、「卜者祭文」に全文が掲げられており、次のような詞章です（『大嘗祭史料　鈴鹿家文書』所収）。

高天原仁神留坐須皇親神魯岐神漏美命、荒振神者《ハ》　掃《ハライ》二平《タイラゲテ》石木草葉《クサハヲ》一断《タツ》二其《ノ》
語《コトバヲ》一、詔《リスラク》二群神《モロカンダチニ》一、吾皇御孫尊者《命ラハ》、豊葦原［　］（水穂国安）平《ク》知食《メシテ》、天降《リ》奉《リシ》レ寄《ヨサセ》之時《キ》、
誰《レノ》神皇御孫尊、朝《ノ》之御食、夕《ユウベノ》之御食、長之御食、遠《トホノ》之御食聞食《メス》、可二仕奉《ツカマツル》一神
問賜之時《ニ》、住《スム》二天《ノ》香山《ニ》一白真名鹿《シラマナカ》、吾《アレ》将《ニ》仕奉《マツラン》、我《カ》肩《ノ》骨《ヲ》内抜々《ウツヌキニヌキ》出《テ》、火《ホ》二成卜《ウラヲ》一
以問《トヘ》レ之、問給《フ》之時《ニ》、已致《ニイタス》二火偽《ホノイツワリ》一、大詔戸《オオノリトノ》命進啓《シテマウサク》、白真名鹿者《ハ》可レ知二
上国之《ウハツクニノ》事《ヲ》一、何《ソ》知《ン》二地下之《シタツクニノ》事《ヲ》一、［　］（吾者能知二）上国《ウハツクニ》地下《シタツクニ》天神地祇《ヲ》一、況《イワン》復《ヤマタ》
人情憒悒哉《ヒトノイキドヲリヲリヲヤ》、吾《カ》八十骨乾《ヲカハキ》二曝《サラシ》日《ニ》一、以《テ》レ斧《ヲ》打《テ》天之《ノ》千別《ニ》千別《テ》、甲《ノ》上《ノ》甲尻《レニ》真澄《ノ》
鏡《ニ》取《リ》作《クレ》之、以二天刀《ノカタナヲ》一掘《テ》レ町《ヲ》、刺掃《サシハラ》之《ヘ》、採《トリ》二天《ノ》香山《ノ》之布毛理木《ノヲ》一、造《テ》二火燧《ヒキリヲ》一

揩《ホリ》二出《テ》天香火《ヲ》一、吹《フキ》二着《ツケ》天母鹿木《ノハハカノキヲ》一、取二天香山《ノ》之無《キ》レ節竹《ヲ》一、折《ヲリ》二立《テ》卜串《ニ》一問《ヘ》之、曳《ヒカハ》レ土《クニヲ》者下津国《ノ》八重《マテニ》将聞《ニキカマン》、曳レ天《ソラヲ》□（者高天原八）重将聞《ニマン》、通《トヲシ》二灼《ヤカハ》神方《ノヲ》一者、衆神《ノ》之中《ナカ》天神地□（祇）将聞《マン》、正《ニ》青山《ヲ》成《シ》レ枯、枯山《ヤマニ》成《シ》レ青、青河《ヲ》成《シ》二白川《ニ》一、白川《ヲ》成《サン》二青河《ニ》一、国者限二退立《マカタツヲ》一、天雲《マ》者限二壁立《ツキタツヲ》一、青雲者限二棚曳《タナヒクヲ》一、白雲者限二向伏《ムカフスヲ》一、日《ヒハ》正縦《ニタタサマニ》、日《ハ》正横《ニヨコサマニ》、将聞通焉《ミトホサン》、陸《リク》道《ハ》者限二馬蹄之所《ノノヲ》一レ詣《イタル》、海路《ノ》者限二船艫之所《ノノ》一レ泊《ル》焉、灼《ヤカハ》二人方《ノカタヲ》一者、衆人心《モロヒトノココロ》□（中欝）悒之事、聞《キカシテ》正《ニ》二将《ニ》レ知《ヘシ》、故如《レ》二国之《ノ》廣曳立《カヒキツ》高天《ノ》一無《ラン》レ所レ隠、慎而莫《ナ》怠《ヲコタリソ》矣、

読み上げられる祭文は以下のような内容になると思われます。

高天原《たかまのはら》に坐《まし》ます皇親神魯岐《すめむつかむろぎ》・神漏美命《かむろみのみこと》の命に従い、皇御孫命《すめみまのみこと》は豊葦原水穂国《とよあしはらのみずほのくに》に降臨する。皇御孫命の御食《みけ》（お食事）に奉仕する神は何方にすべきかという問いに、まず、天香山《あまのかぐやま》に住む白真名鹿《しらまなか》が自分の肩骨を内抜《うちぬ》きに抜き

出し占うが、失敗してしまう。

この白真名鹿の肩骨内抜きのことは、『古事記』神代巻「天の岩屋戸《いわやと》神話」に「天兒屋命《あめのこやねのみこと》、布刀玉《ふとだま》命を召して、天の香山《かぐやま》の真男鹿《まをしか》の肩を内抜《うちぬ》きに抜きて、天の香山の朱櫻《ははか》を取りて、占合《うらな》ひまかなはしめ」と語られています（岩波文庫本『古事記』に拠る）。

次いで、大詔戸命《おおのりとのみこと》が進み出て、白真名鹿は上国《うわつくに》の事は知っているが地下《したつくに》の事は知らず、吾は上国・地下・天神地祇、また、人情を熟知していると述べる。

大詔戸命《おおのりとのみこと》は、天刀《あまのかたな》で甲に町《まち》（兆位・町形）を掘り、天香山の布毛理木を採って火燧《ひきり》を造り、天香火《あまのかぐひ》を切り出し、天母鹿木《あまのははかのき》に吹き着け、天香山の無節竹を、卜串に折り立てて占い問う。

その次の詞章はやや難解ですが、土《くに》を曳《ひ》いて下津国《しもつくに》の意思を聞き、天《そら》を曳いて高天原の意思を聞き、神の方《かた》を通し灼いて、天神地祇の神慮を伺い、人の方《かた》を灼いて、衆人の心中にある欝悒《うつゆう》（心のむすぼれて憂いのあること）のことを知る、ということだと思われます。

ここでは、太占《ふとまに》（牡鹿の肩骨を灼き占う鹿卜《ろくぼく》で、亀卜の採用に従い衰退する卜《うらない》）の技法に対する亀卜法の優秀性と、亀卜の起源神話が語られています。「土・天・神方・人方」については後述します。

④次に笏を右脇に置き、右手で佐万志竹一枚を取り左手に移し、また、右手には波々賀木一本を取り、さらに甲二枚を取り持ちて呪文を修す。なお、左手の佐万志竹は甲の表になり、右手の波々賀木は甲の裏となる。

亀甲・波々賀木・佐万志竹を両手に持ち、唱えられる呪文は、「国郡卜定卜者私次第（寛延元年八月二十五日）」によれば、次のような詞章です（『大

嘗祭史料　鈴鹿家文書』所収）。

現天神光一万一千五百二十神、鎮地神霊一万一千五百二十神、惣シテ日本国中三千余座、降二臨此座一、全吾咎無シ、神ノ教ノ如ク其事善ニモ悪ニモ尊神ノ御計タラム。

現天神光一万一千五百二十神、鎮地神霊一万一千五百二十神、日本国中三千余座がこの座に降臨し、これからおこなう亀卜は善兆であろうとも悪兆であろうとも、尊神の神慮であろう、と述べられます。

⑤甲・木・竹を元の所に置く。甲二枚を一枚ずつ絹の上に並べ、悠紀方の甲に左一・左二と書き付け、主基方の甲には右一・右二と書き付ける。

「寛延元年大嘗会国郡卜定」にはこの箇所に、左の図⑴が貼付されていま

（貼紙）

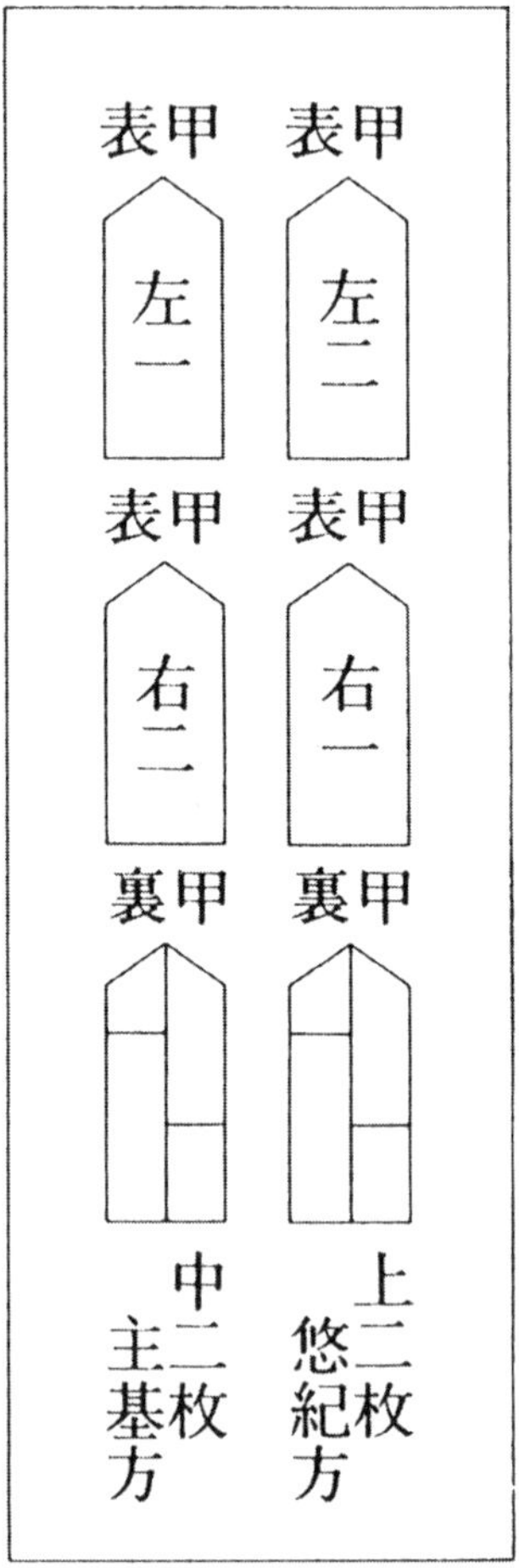

図(1)　亀甲の並べ方

した。

⑥次に右手に波々賀木六本を取り左手に移し、右手に火箸を持って波々賀木六本を一本ずつ炉火にて焼く。

波々賀木六本の焼き方は、下の図(2)のようになります（「国郡卜定の祓詞と甲を灼く作法」・『大嘗祭史料　鈴鹿家文書』所収）。

次に佐万志竹一枚を取り、右手に持ちて呪文を唱える。この時の呪文は次のような詞章です（「国郡卜定卜者私次第（寛延元年）」・『大嘗祭史料　鈴鹿家文書』所収）。

上一寸《キダハ》　太元不測神
中一寸　大小諸神
下一寸　一切霊神
　皆来就レ座。

佐万志竹の上一寸には太元不測神、中一寸には大小諸神、下一寸には一

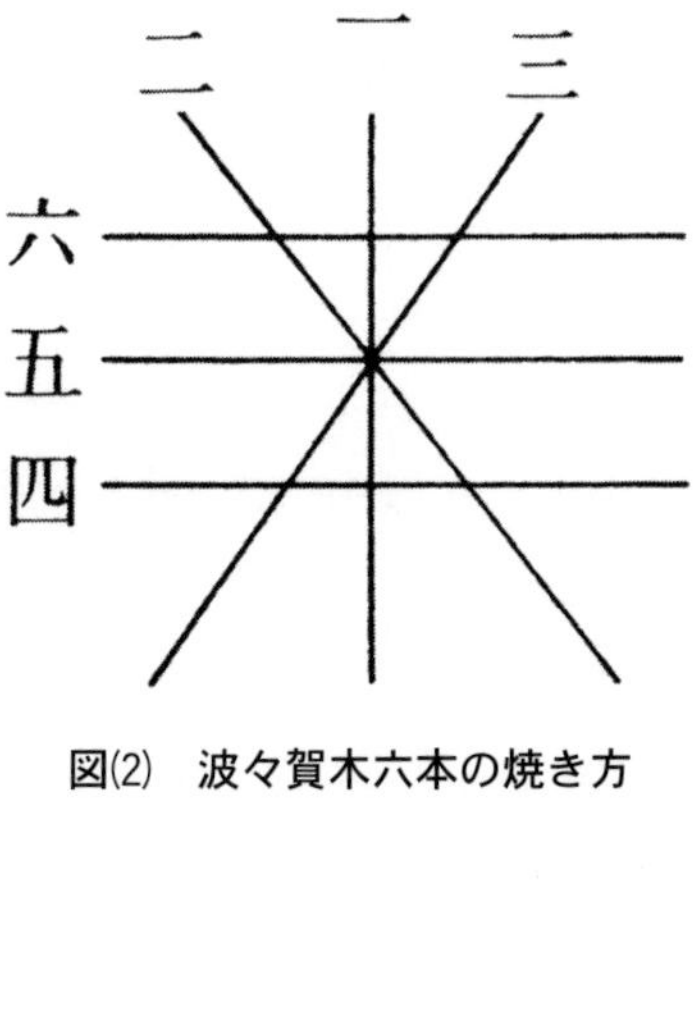

図(2)　波々賀木六本の焼き方

切の霊神が降臨するように祈願されます。それぞれの神が降臨し就座するように、佐万志竹には上から一寸ごとに三節が区切られています（写真(F)参照）。

⑦次に、左右の手に火箸を持って、甲一枚を挟み呪文を唱え、唱え畢れば甲を灼く。呪文を唱え畢るまでの卜者両人の所作は同じ。

この時の呪文は次のような詞章です（「国郡卜定卜者私次第（寛延元年）」・『大嘗祭史料　鈴鹿家文書』所収）。

全某我為業ニ非ス、善悪神ノ御計ト申テ、神ノ置手ニ任テ申ト申也。

これからおこなう灼甲は卜者の為業《なすわざ》ではなく、神慮の為業であることが述べられます。

⑧甲を灼く時、三種祓、「登穂恵美加美多女（ト・ホ・エミ・カミ・タメ）」を百千回も唱える。甲を灼く作法は、甲のもとより頭《かしら》へ、頭から逆にもとへ、次に左へ、次に右へと灼き、これを何度も繰り返す。

三種祓《さんしゅのはらえ》は、吉田兼倶が作成したものとされ、吉田神道においては深秘の神呪として最も重要とされた呪詞です。（一）「吐普加身依身多女（とほかみえみため）」、（二）「寒言神尊・利根陀見（かんごんしんそん・りごんだけん）」、（三）「波羅伊玉意喜余目出玉（はらいたまいきよめでたまえ）」の三種から構成されます。亀卜には、（一）の「吐普加身依身多女（とほかみえみため）」の呪詞が唱えられました。

この呪詞「登（ト）・穂（ホ）・恵美（エミ）・加美（カミ）・多女（タメ）」が、国郡卜定の亀卜の際に用いられ、また、五行説《ごぎょうせつ》（世界を「木・火・土・金・水」の五原理で説明する古代中国の思想）に配されていることは、すでに、平安後期の『江家次第《ごうけしだい》』巻十八「軒廊御卜《こんろうのみうら》」に、「亀卜必具二五行一・・・水《ト》　火《ホ》　神《カミ》　人《エミ》　土《多如(女)》　金《エミ》　木《カミ》」とあることより窺えます（『江家次第』は神道大系本に拠る）。

また、天理図書館吉田文庫所蔵「亀卜、三種祓秘決、三光印」（吉田兼倶の子の清原宣賢筆）によると、「地（ト）・天（ホ）・神（カミ）・人（エミ）・兆（タメ）」であり、同時に、「ト（水）・ホ（火）・カミ（木）・エミ（金）・タメ（土）」の五行を表します（出村勝明氏『吉田神道の基礎的研究』〈神道史学会、平成九年〉第四章「吉田神道における亀卜研究について」の翻刻文参照）。

先に掲げた「卜者祭文」に見える、「土を曳かば」の「土」は「地（ト）」に、「天を曳かば」の「天」は「天（ホ）」に、「神方を通し灼かば」の「神」は「神（カミ）」に、「人方を灼かば」の「人」は「人（エミ）」に対応して

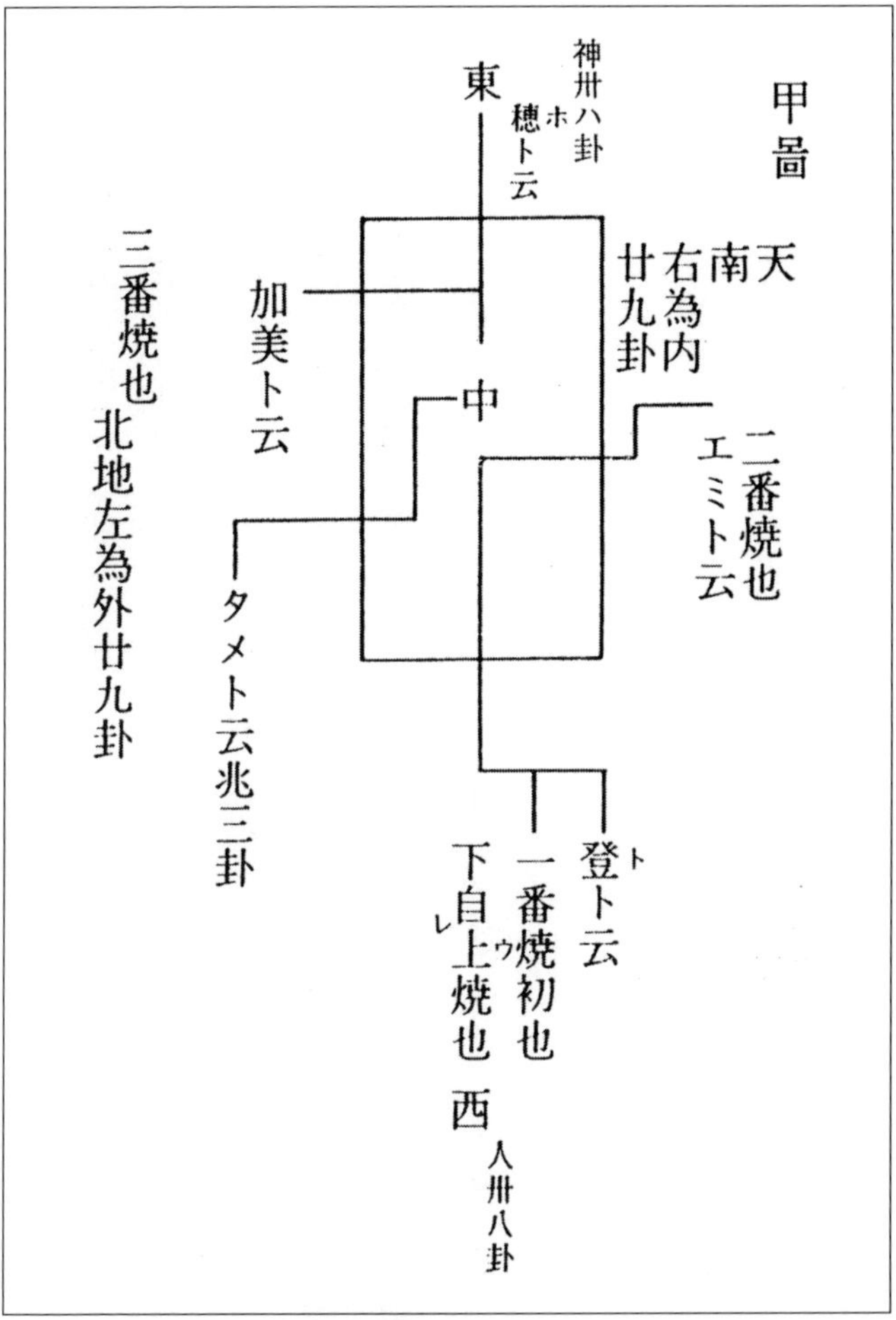

図(3)　「亀卜伝」所載の亀甲図。「ト・ホ・エミ・カミ・タメ」の配置と灼甲の順序が記されている。

いるのでしょう。

この「登（ト）・穂（ホ）・恵美（エミ）・加美（カミ）・多女（タメ）」に従って、亀甲に町形（兆位）が書き付けられます。天理図書館吉田文庫所蔵「亀卜伝」（清原宣賢・吉田兼右筆、兼右は宣賢の子）の「甲図」によると、その配置は前頁の図(3)のようになり（出村勝明氏『吉田神道の基礎的研究』第四章「吉田神道における亀卜研究について」所収図より転載）、「登（ト）・穂（ホ）・恵美（エミ）・加美（カミ）」の順序で亀甲が灼かれます。

⑨甲一枚を灼き畢ると、左手の火箸で甲を挟み、火櫃の縁に持たせる。右手にて佐万志竹一枚を取り、水器の水をすくって、甲のもとからかしらへ、その逆にかしらからもとへ、次に左の内から外へ、次に右の内より外へ、

次に甲の中程より下へと、水を灑《そそ》ぐ。畢ると、右手に火箸を取り左右の火箸にて甲を挟み、最初の絹の上に置く。

⑩次に、二枚目の甲を灼く。作法は同じで、⑥の波々賀木六本を一本ずつ炉火にて焼くことから始め、⑨の灼甲に水を灑《そそ》ぎ絹の上に置く、までを実修する。

⑪次に、右手に佐万志竹一枚を取り持ち、水器の水の中に入れる。口伝は三寸である。佐万志竹を水器の内にて三寸灑ぎ、

上神、中神、下神ヲ本宮ニ帰座ト申ス

と、唱え（「国郡卜定手文」・『大嘗祭史料　鈴鹿家文書』所収）、佐万志竹の上一寸の上神（太元不測神）、中一寸の中神（大小諸神）、下一寸の下神（一切霊神）の神々を本宮に奉送します。この所作は両人とも同時におこないます。

⑫灼かれた亀甲は絹に包まれ、主君（神祇管領長上・吉田家当主）のもとに運ばれる。主君は灼甲の卜食《うらはみ》を判定し、悠紀の卜串二枚、主基の卜串二枚に、それぞれ「卜乙下合」・「卜丙合」と卜定結果を書き記します。

以上が、亀甲を灼く具体的な儀式作法です。

七　兼字王と当兼王

（一）兼　字　王

万治二年九月の神嘗祭使王卜串に戻ります。「卜乙下合」でありながら、結局、「卜不合」となった「兼字王」とは何者でしょうか。

万治二年九月の卜串に記された「兼字王」とは、河越家《かわごえ》（清原氏）四代当主の源兼字のことです。源兼字は、寛永五（一六二八）年六月三日に生まれ、元禄十六（一七〇三）年六月八日に七十六歳で没した人物で、その本姓は清原賢充、父は河越源重忠、母は出納《すいとう》中原職忠の娘です。船橋従二位清原相賢卿の養子となり、清原賢在の跡を相続し、その後、源兼字王と改め、兼久王の跡に続き、兵庫寮《ひょうごりょう》・使王代両役を兼帯した人物です。

『地下家伝《じげかでん》』四「兵庫寮　河越〔姓源　元清原又王〕」に以下のように記されています。なお、「地下《じげ》」とは清涼殿《せいりょうでん》（天皇の常御殿）に昇殿を許されない家格の氏族のことで、『地下家伝』は弘化元（一八四四）年に成立した地下家の家伝集です。（『地下家伝』は覆刻日本古典全集本に拠る）。

○源兼字〔船橋従二位清原相賢卿為㆓養子㆒、賢在跡相続、後改㆓源兼字王㆒、兼久跡続、依㆑之兵庫寮・使王代帯㆓両役㆒、実河越源重忠男、本清原賢充、母出納中原職忠女〕

寛永五年六月三日　生／同二十年九月二十日　叙正六位上〔十六歳〕／同日　任兵庫大充／正保四年　月　日　改源兼字／明暦元年十二月十五日　転助／万治三年十二月廿四日　叙従五位下〔三十三歳〕／同日　転頭／貞享四年八月十四日　叙従五位上〔六十歳〕／元禄十六年六月八日　卒〔七十六歳〕

河越家は、江戸時代、兵庫寮《ひょうごりょう》の官人を世襲し、また、神宮例幣使の使王代《しおうだい》を歴代に亙って勤めた地下《じげ》官人家《かんじんけ》です。近世の河越家に関しては藤森馨氏の先行研究が報告されていますが、河越家が使王代を勤仕することとなった経緯は、河越家の記録である『諸願届録』の「大嘗祭由奉幣《よしのほうへい》使王代拝命願書」(河越賢兼)・「王氏改姓願書」(同)に明記されています(嶋津宣史氏「國學院大學図書館所蔵河越家記録『諸願届録』〈翻刻・紹介〉」〈『國學院大學図書館紀要』七、平成七年〉)。

(a)王使御役之儀者、後陽成院様依二別勅一王兼任・王兼久被二成下一、則口宣案拝受仕、使王御用相勤罷在候処、王兼久卒去仕、正保四年例幣御再興之節、王使御用可二相勤一人躰被レ為レ在二御詮議一、則兼久弟清原賢充兵庫寮役相続仕罷在候ニ付、改姓改名被レ為二仰付一、王兼久跡目相続仕、源兼字ニ相改、奉幣使御用被レ為二仰付一、并兵庫寮両役共連綿仕、至于今、御代々々目出度不レ闕ニ御用相勤申候。（「大嘗祭由奉幣使王代拝命願書」）

(b)王氏之儀、慶長十四年伊勢皇太神臨時奉幣御再興ニ付、四姓使被レ為レ遂二御吟味一候処、王氏・斎部氏之者無御座候ニ付、以二後陽成院別勅一、先祖兼任王氏ニ被二成下一、斎部氏者真継家先祖親当、斎部氏ニ被レ為二仰付一、則両人共同年九月六日従六位下拝任仕、口宣案被二下置一、御用勤仕、并寛永六年九月十日王兼久・斎部親賢従六位下拝叙、口宣案頂戴仕、御本紙于今所持候、右之以二由緒一、例幣并式年御遷宮・臨時奉幣等之御用不レ闕ニ、是迄無レ恙相勤来候、此等之以二由緒一、去年真継宮内丞親弘斎部氏ニ改姓奉レ願候処、被レ為二聞召一分、願之通被レ為二仰付一候、王氏之儀も同様御座候間、乍レ恐被レ為二聞召一分、以二御憐愍一改姓被レ為二仰付一被レ下候様、謹而奉二願上一候、依レ之口宣案之写、両通奉レ入二上覧一

候、御憐愍ヲ以、願之通被レ為二仰付一被レ下候ハヽ、冥加至極難レ有可レ奉レ存候、此等之趣、幾重ニも宜二御沙汰一奉二願上一候、以上。（「王氏改姓願書」）

右の二史料は、いずれも河越家（賢兼）より朝廷に提出された願書でありまして、(a)は大嘗祭由奉幣使《だいじょうさいよしのほうへいし》の使王代への拝命願いで、元文三年（一七三八）年の年次と思われ、(b)は宝暦五（一七五五）年十月に作成されたもので、伊勢神宮奉幣使の使王代を勤仕するための王氏改姓願いです。

河越家（賢兼）が主張する(a)(b)を勘案しまして、河越家が使王代を勤仕するようになった軌跡を整理すると以下のようになります。

①後陽成《ごようぜい》天皇朝の慶長十四（一六〇九）年に伊勢神宮臨時奉幣使が再興されるに際して、四姓使の内、王《おう》氏と斎部《いむべ》氏には既に該当者が存在しなかった

（王氏とは諸王の氏族集団で、伊勢神宮奉幣使の使王を勤仕していた）。後陽成天皇の別勅に依り、河越《かわごえ》家の先祖である兼任が王氏となり、斎部氏は真継《まつぎ》家の先祖である親当に仰せ付けられた。両人は同年九月六日に従六位下《じゅろくいのげ》に叙され口宣案《くぜんあん》（天皇の勅命を蔵人《くろうど》が書き記し上卿《しょうけい》に伝達した文書で、この場合は叙位）が下賜《かし》された。

②寛永六（一六二九）年九月十日には、兼久王と斎部親賢が従六位下に叙され、口宣案を頂戴した。兼久王は兼任の子であったが、その後、兼久王は死去した。

③正保四（一六四七）年の神嘗祭例幣使の再興に際しては、詮議の後、兼久の弟、清原賢充が兵庫寮役を勤めていたので、改姓改名を仰せ付けられ、王兼久の跡目を相続の上、源兼字と相改め奉幣使に任命された。また兵庫寮役も勤仕し、そのことは今（宝暦五年）に至る迄欠けること無く勤めて

いる。

この河越家（賢兼）の主張の内、①の、慶長十四年に伊勢神宮臨時奉幣使が再興されたとすることについて、藤森氏は、応仁元年の例幣中絶以降も、神宮臨時奉幣使は発遣されており、慶長十四年に臨時奉幣再興とする河越・真継両家の所伝は信じがたいと論断されています（藤森氏前掲論文「王氏の終焉と王代河越家の成立」、二十一頁参照）。

しかし、『地下家伝』四「兵庫寮　河越〔姓源　元清原又王〕」の「王兼任」の項でも「慶長十四年臨時奉幣使御再興之節」と明記されているように、「奉幣」の再興ではなく、「奉幣使」の再興と解釈すべきであろうと思われます。慶長十四年の伊勢神宮臨時奉幣使は、河越家が説くように、使王代を河越家の兼任王、忌部代を真継家の親当が勤めました。これは、藤森氏も指摘するように、前回の臨時奉幣使（天正十四〈一五八六〉年の後陽成天皇の即位の由奉幣《よしのほうへい》〈即位の由奉幣とは即位を奉告し加護を祈願する奉幣〉）では、祭主大中臣《おおなかとみ》慶忠が奉幣使として伊勢神宮に参向したのみで、使王も忌部も差遣されず、神宮からの改善要請を招いたことへの対応策でありました。とすれば、河越家が言う「慶長十四年臨時奉幣使御再興」とは、律令に淵源《えんげん》を持つ使王も忌部をも揃えた奉幣使の再興と理解すべきでありましょう。

さて、③にあるように、清原賢充が源兼字王と改姓改名して、死去した兼久王の後継となり、使王として奉幣使に任命されたのは、例幣使発遣が再興された正保四（一六四七）年九月のことであります。

また、河越家記録『諸願届録』の「使王雖《いへども》二六位一候二勤仕一例」に、

一　正保四年九月十一日

御再興例幣　　源兼字

一　御再興自《より》例幣、万治二年四月十日仮殿《かりどの》御遷宮奉幣《ごせんぐうほうへい》迄同位同人勤仕

とありまして、源兼字王（清原賢充、当時正六位上《しょうろくいのじょう》）は、正保四年九月十一日発遣の再興例幣使の使王を勤め、それ以後、万治二（一六五九）年四月十日の仮殿遷宮の奉幣迄、使王を同位同人（兼字王。なお、兼字王が従五位下《じゅごいのげ》に叙されるのは万治三年十二月二十四日）が勤仕したことを知ることができます。

このことは、鈴鹿家所蔵「万治二年九月十一日　神嘗祭使王卜串」では、「卜乙下合」であった兼字王は「卜不合」とされたことと符合します。

(二) 兼字王の「卜不合」の理由と当兼王

では、万治二年九月十一日に「卜丙合」となった「当兼王」とは何者で、本来「卜乙下合」であった兼字王が、どうして「卜不合」とされたのでしょ

うか。その理由は何でしょうか。

この点についても、河越家記録『諸願届録』に、

使王代兼字依レ服語候例

一　万治二〔己亥〕年九月十一日　　依二重服一主殿寮充職行語候

と見え、重服《じゅうぶく》（重喪—父母の死去）のため、九月十一日の例幣使は、主殿寮充《しゅでんりょうじょう》の職行が「兼」字を語り使王代を勤仕したと記されています。

主殿寮充の職行とは、『諸願届録』の翻刻者（嶋津宣史氏）補記にある通り、佐伯職行のことです（嶋津宣史氏前掲「國學院大學図書館所蔵河越家記録『諸願届録』〈翻刻・紹介〉」）。

『地下家伝』七「「主殿寮　佐伯〔称号小野〕」の佐伯職行の履歴を閲《けみ》しますと、職行は寛永八（一六三一）年五月十三日生、承応三（一六五四）年八月

二十七日に正六位上（二十四歳）、明暦元（一六五五）年十月二十六日に主殿少允補任、同二年正月十四日に従五位下、天和二（一六八二）年四月二十七日に従五位上（五十二歳）、貞享四（一六八七）年二月二十九日に大允、と記され、万治二年時点では佐伯職行は従五位下で、主殿寮《しゅでんりょう》少允《じょうしょういん》を勤めていたことが確認されます。

鈴鹿家所蔵「万治二年神嘗祭使王卜串」と河越家記録『諸願届録』は上手く一致し、両者の史料的価値を高める結果となりますが、両史料を勘案することにより、万治二年九月の神嘗祭使王の卜定と発遣についての具体的な歴史事実を復元することができます。

正保四（一六四七）年九月十一日の再興例幣から万治二（一六五九）年四月十日の仮殿遷宮の奉幣迄、伊勢神宮への使王を勤仕したのは兼字王（清原賢充、当時正六位上）でありました。そして、兼字王は、万治二年九月十一日発遣予定の使王卜定においても「卜乙下合」であったが、その後、重服となり、使王を勤仕することができなくなってしまい、次点の「卜丙合」を受けていた主殿寮少充の佐伯職行が「兼」字を語り、「当兼王」と改名して使王代を勤仕した、という事情が想定されます。

八　結び

鈴鹿家所蔵「万治二年神嘗祭使王卜串」について、煩瑣《はんさ》で拙い考証を加えましたが、本品の出現により、①使王卜串の実態―紙に墨書されたものであり、また、その形状は折封であることが確認されること、②万治二年九月十一日発遣の使王発遣についての具体的な歴史事実が窺えること、の二点において貴重な史料であることをご説明申し上げました。

朝廷祭祀の中核に位置する大嘗祭・新嘗祭は約二百二十余年の中絶を経て、また、本稿の主題である神嘗祭例幣使発遣は、約百八十余年の中絶を経て、再興されますが、その根幹には、律令に淵源《えんげん》を持つ朝廷祭祀・神宮祭祀を、可能な限り、復元しなければならないという、朝儀復興に対する強い意志、そして、朝廷の神宮に対する篤い崇敬の念がありました。鈴鹿家の神嘗祭卜串資料は、まさに、その復興期の祭祀を支えた地下《じげ》官人《かんじん》層の具体的な努力を如実に伝える資料と位置づけられます。

以上のことを申し上げ、本日の私の稚拙なお話を閉じたいと思います。御清聴ありがとうございました。

【付記】本書は、第二十九回伊勢神宮崇敬会主催神恩感謝祭（平成十八年六月十八日、於神宮会館）の講演要旨をもとに、伊勢神宮崇敬会叢書十一『江戸時代の神宮と朝廷』（伊勢神宮崇敬会、平成十八年十二月）として刊行されたものである。伊勢神宮崇敬会叢書は会員を対象とした書籍で、初版のみの刊行が原則とされている。本書について、入手したいという問い合わせが筆者のもとにもあり、また、貴重な鈴鹿家資料を広く紹介したいという思いから、伊勢神宮崇敬会のご厚意により版権を譲渡して頂き、皇學館大学出版部から刊行することとなった。微意を汲み取られ、版権譲渡を許可された伊勢神宮崇敬会、そして本学出版部に謝意を申し述べます。

令和二年一月

加茂正典

著者略歴

加茂正典（かも・まさのり）

昭和三十年生。同志社大学文学部卒業、同大学院文学研究科博士後期課程単位取得退学。現在、皇學館大学文学部神道学科教授。博士（文化史学）。専門は神道史・日本文化史。

主要著作は、『日本古代即位儀礼史の研究』（思文閣出版、平成十一年）、『神道資料叢刊九　鈴木重胤紀行文集一・二・三・四』（皇學館大学神道研究所、平成十五・十八・二十一・三十年、共編著）、『訓読注釈　儀式践祚大嘗祭儀』（思文閣出版、平成二十四年、共著）、『神様に奉る御食事』（皇學館大学講演叢書一六六、平成二十九年）。

令和二年三月二十三日　発行

江戸時代の神宮と朝廷

本体価格　四七七円

著者　加茂正典

発行所　皇學館大学出版部

代表者　髙向正秀

〒五一六-八五五五　伊勢市神田久志本町一七〇四

☎〇五九六-二二-六三二〇

印刷所　磯野印刷

〒五一六-〇一〇一　度会郡南伊勢町五ヶ所浦三八四一

ISBN 978-4-87644-213-3 C3021